끝까지 잘 사는 부부

끝까지 잘 사는 부부

홍장빈 • 박현숙 지음

규장

남편의 마음을 아내에게!
아내의 마음을 남편에게!

우리 부부가 《하나님 부부로 살아가기》를 출간한 이후, CBS TV에서 방송을 할 때 여러 가지 피드백을 받았다. 그 중 한 교회에서 책을 읽고 방송을 보면서 부부들이 공부하고 있는데, 워크북이 있으면 도움이 될 것 같다고 했다.

방송이 계속되면서 워크북에 대한 문의를 자주 받았다. 지인들과 소그룹으로 공부하고 싶다는 부부도 있었고, 교재를 빨리 만들어 달라는 예비부부들도 있었다. 그때부터 《하나님 부부로 살아가기》의 실천편으로 사용해도 좋을 책을 빚진 마음으로 준비하게 되었다. 우리 부부도 오래전부터 책을 통해 도움을 받아왔는데, 그 기억이 새롭게 떠올랐다.

1989년, 결혼을 앞둔 우리의 마음은 설렘과 불안이 가득했다.
'행복하게 살 수 있을까? 좋은 부부가 될 수 있을까?'
그 해답을 찾는 방안 가운데 하나로 서점을 선택했다. 그리고 기독교인 저자가 쓴 결혼과 부부생활에 관한 책을 사서 읽기 시작했다.

우리는 주로 책을 읽고 공부하며 데이트를 했다. 그렇게 결혼과 가정에 대한 성경적 지식을 책으로 습득했다.

지금까지 우리가 친밀한 부부로 살아온 비결 가운데 하나는 좋은 책을 통해 올바른 지식을 배워온 데 있다. 어떤 부부라도 서로 사랑하는 방법을 배우고 실행하면 행복한 결혼생활을 할 수 있다. 그래서 우리는 많은 사역을 감당하는 중에도 기도하면서 책을 썼다.

결혼과 가정의 가치를 알고 성숙하고 좋은 부부를 세우는 일에 앞장서는 여진구 대표님과 편집팀의 수고와 격려에 깊이 감사드린다. 또한 책에서 제시한 지침대로 삶의 현장에서 부부 사랑을 실천한 이야기를 진솔하게 써주신 열두 분에게 감사를 드린다.

2014년, 한 예쁜 카페에서 결혼식이 있었다. 그곳을 장식한 그림들이 인상 깊었다. 특히 일러스트레이터인 신랑 신부가 함께 그린 그림이 눈에 띄었다. 흑백과 채색이 한 그림 안에서 어우러져 있는, 두 사람의 개성이 그대로 표출된 그림이었다.

그날, 그 그림 안에서 '결혼'을 보았다. 남편과 아내의 다름이 어우러져 하나의 멋진 작품이 되는 것! 그 아름다운 작품의 주인공, 석용욱·박연숙 부부가 이 책에 그림을 그려주어 더욱 기쁘고 감사하다.

또한 하나님께서는 우리 부부와 CBS 〈아카데미 숲 – 부부 이야기〉 팀의 만남을 예비하셨다. '부부 이야기'가 많은 부부에게 사랑의 선물이 될 것을 알기에 아카데미 숲 팀에게 다시 한 번 감사한다.

성경적인 부부 사랑법을 배우고 적용해서 온전히 한 몸이 되는 부부가 온 세상에 가득하길 기도한다. 하나님은 아내의 마음이 남편에게, 남편의 마음이 아내에게 있기를 바라신다. 그렇게 살기 위해 노력하는 모든 부부를 축복하고 도와주신다.

홍장빈 · 박현숙 부부

차례

1부

사랑을
배우자

1강

인정이 필요한 남편,
안정을 원하는 아내

husband & wife

교회에서 개최한 '가정 세미나'에 참석했다. 처음에 강의만 들을 줄 알고 부담 없이 갔는데 숙제를 내주었다. '남편이 잘한 것을 찾아서 칭찬하고 인정하기'와 '아내가 할 일을 도와주면서 사랑을 표현하기'란다.

민망한 박 권사

> 아이고, 이 나이에 무슨 칭찬이며
> 사랑 표현이람. 민망하게….

어색한 홍 장로

> 아내를 대체 어떻게 도와야 하지?
> 그래, 그냥 물어보자.
> 당신은 내가 어떻게 해주면 좋겠나?

수줍은 박 권사

> 아, 그걸 뭘로 해요. 당신이 알아서 해야지.

용기 낸 홍 장로

> 아, 그래…. 그럼 내가 아침마다 당신 어깨를
> 주무르며 10분 동안 안마해줄게.

고민 중 박 권사

나도 칭찬할 거리를 찾아야 하는데 왜 이렇게 안 떠오를까요? 주님, 도와주세요. 아, 그래, 그런 일이 있었지!

여보, 당신이 은퇴 전에 부장에서 진급을 앞두고 있을 때, 회사 일이 복잡했는데 정말 잘했어요. 감정 조절도 잘했고, 인간관계도 잘 풀어갔죠. 난 그때 당신이 참 자랑스러웠어요. 우리 가정을 위해 꾹 참고 힘든 일을 극복해냈죠. 참 잘하셨어요!

고마운 홍 장로

그때 당신과 아이들이 내 옆에 있어서 잘할 수 있었어. 나도 정말 고마워, 여보!

방송 강의 듣기
갓피플TV 패밀리타임(familytime.godpeople.com)
1강 인정이 필요한 남편, 안정을 원하는 아내 _ 홍장빈

남자와 여자로 인정하기

부부는 한 남자와 한 여자가 만나서 서로 사랑하며 하나가 된 사람들이다. 한 몸이 된 남자와 여자다.

예수께서 대답하여 이르시되 사람을 지으신 이가 본래 그들을 남자와 여자로 지으시고 말씀하시기를 그러므로 사람이 그 부모를 떠나서 아내에게 합하여 그 둘이 한 몸이 될지니라 하신 것을 읽지 못하였느냐 그런즉 이제 둘이 아니요 한 몸이니 그러므로 하나님이 짝지어 주신 것을 사람이 나누지 못할지니라 하시니 마 19:4-6

하나님은 처음에 남편과 아내를 만들지 않으셨다. 남자와 여자를 창조하셨다. 남자가 결혼해서 남편이 되고, 여자가 결혼해서 아내가 된다. 남편과 아내의 출발은 남자와 여자다. 이것을 기억하고 적용하면 누구든지 좋은 부부가 될 수 있다.

자녀가 태어나면 아빠와 엄마가 되지만, 처음 출발은 남자와 여자다. 남편과 아내, 아빠와 엄마라는 역할을 잘 감당하려면 그 출발인 남자와 여자를 알아야 한다.

자녀가 태어나면 부부관계보다는 부모의 역할에 더 관심이 많아진다. 다들 좋은 아빠, 좋은 엄마가 되고 싶어 한다. 서점이나 도서관에도 부부관계보다 자녀양육에 대한 책이 훨씬 많다. 가정사역 세미나를 진행해도 부부관계 세미나보다 자녀양육 세미나 참석자수가 더 많다. 그들은 말한다.

"아휴, 여기까지 와서 남편 생각하고 싶지 않아요. 그것보다 아이들을 잘 키우는 방법을 배우고 싶어요."

우리 부부의 첫 책인 《하나님 아이로 키워라》를 출간하고 1년 동안 100번 넘게 자녀양육 세미나를 진행했다. 명절 기간을 제외하고 내내 세미나를 진행한 것이다. 그러면서 중요한 한 가지 결론을 갖게 되었다.

"좋은 부부가 좋은 부모이다!"

아빠와 엄마 이전에 남편과 아내로서 부부관계가 친밀하고 만족스러우면 자녀양육도 자연스럽게 잘 감당할 수 있다. 좋은 부모가 되기 위해서라도 좋은 부부가 되려고 노력해야 한다. 우리 부부가 자녀양육 세미나를 진행하면서 많은 사람들에게 질문을 했다.

"어린 자녀와 함께 비행기를 타고 가다 위급한 상황이 되면 누가 산소마스크를 먼저 써야 할까요?"

엄마들은 거의 본능적으로 자녀에게 먼저 씌워야 한다고 말한다. 그러나 성인이 먼저 착용해야 한다. 전 세계를 운항하는 모든 비행기에서 같은 내용으로 안전교육을 한다. 이것은 어른이 먼저 살겠다고 아이를 소홀히 하는 이기적인 행동이 아니다. 성인이 의식을 잃으면 어린이를 구할 수 없기 때문이다.

마찬가지로 부모가 깨어 있지 않으면 자녀들을 살릴 수 없다. 가장 기본적인 상식이다. 부모가 살아 있어야 아이를 돌보고 위급할 때 살릴 수 있다. 그래서 건강한 부부관계가 매우 중요하다. 그래야 자녀들이 안정감을 가질 수 있기 때문이다.

자신의 부모가 서로 사랑하면서 행복하게 사는 모습을 보고 싶다고 말하는 자녀들도 많다. 특히 청소년이 되면 자기의 성 정체성에 관심이 많아진다. 딸은 미래의 자기 모습을 엄마에게서 찾는다. 엄마가 여자로서 행복한 모습을 보일 때, 딸은 소망을 갖는다. 아들도 아빠를 보면서 남자의 정체성을 갖는다.

자녀들이 닮고 싶은 좋은 남자, 좋은 여자, 좋은 부부가 되어야 한다. 더구나 지금은 미디어 시대이다. 말로 가르치는 것보다 행동으로 보여주는 게 효과적이다. 삶으로 보여주면 따라온다.

내 남자에게 중요한 것

부부는 남자와 여자의 만남임을 잊지 말아야 한다. 의외로 이런 기본적인 사실을 소홀히 할 때 갈등이 일어난다. 남편과 아내가 배우자에게 익숙해져서 남편이 남자라는 사실, 아내가 여자라는 사실을 가끔 잊어버린다. 남편 이전에 남자라는 사실을 꼭 기억해야 한다. 내 여자가 나를 만나서 아내가 된 것을 잊지 말라.

남편의 사회적 정의는 '책임감'이다. "제 남편은 좋은 남편입니다"라고 소개할 때, 가정을 잘 돌보고 가장의 역할을 잘 한다는 의미가 강하다. 그래서 "여보, 좋은 남편이 되어주세요"라는 부탁은 열심히 일해서 가정을 지켜달라는 요청이다.

또 기독교인 남편이 강조하는 아내의 정의는 '돕는 배필'이다. 성경에 정확한 단어로 나오기 때문인지 남편들이 이를 매우 좋아한다. 그래서 종종 아내들이 돕는 배필이 되라는 압박을 받기도 한다. 돕는 배필의 달인이 되어야 좋은 아내라고 생각한다.

우리는 남편과 아내의 역할을 강조하기 이전에 하나님의 창조 원리를 기억해야 한다. 먼저 남자로서 채워져야 하고, 여자로서 만족되어야 한다. 자신의 성적 정체성 안에서 충분히 행복해야 좋은 부부로서 즐겁게 살 수 있다.

그렇다면 남편에게 남자로서, 아내에게 여자로서 중요한 건 무엇일까? 남자들은 '한 일'이 중요하고, 여자들은 '할 일'이 중요하다.

남자들은 자기가 한 일을 인정받아야 내일을 맞이할 수 있다. 반면에 여자들은 앞으로 할 일에 대한 안정감이 있어야 한다. 남편이 안정감을 줄 때, 아내는 사랑받는다고 느낀다.

남자들이 모이면 군대 이야기를 하는 이유는 자기들이 한 일이기 때문이다. 여자들이 들어주지 않기 때문에 남자들끼리 이야기한다. 여자들이 전셋값과 이사와 자녀들의 진로 걱정을 할 때, 남자들은 군대 이야기를 한다. 그들은 끊임없이 자기가 한 일을 인정받고 싶어 하기 때문이다. 또 자기를 인정해주는 사람에게 마음이 흘러간다. 그래서 아내들이 남편을 인정해줘야 한다.

한번은 '설교 작성법'이라는 주제로 목회자 세미나를 진행할 때였다. 대부분 남성 목사님과 사모님이 참석했다. 먼저, 가장 듣고 싶은 말이 무엇인지 목사님들에게 질문했다. 모든 목사님들이 설교 잘했다는 말을 듣고 싶다고 대답했다. 그래서 설교 잘했다는 말을 왜 안 하는지 사모님들에게 질문했다. 대답이 다양했다.

'남편이 교만해질 것 같아서, 한 번 잘했다고 말하면 다음 설교 준비를 소홀히 할 것 같아서, 남편을 칭찬하는 습관이 안 되어서' 등의 대답을 했다. 그런데 한 사모님이 깜짝 놀랄 말을 했다.

"설교를 잘해야 잘했다고 하지요."

이 말이 과연 맞는 말일까? 설교 내용이 좋은 목사님이 있었다. 그런데 전달력이 조금 떨어졌다. 발음이 명확하지 않고 성도들에게 시선을 집중시키지 못했다. 그 목사님에게 어떻게 말해주는 것이 칭찬과 인정일까? 대부분의 사람들이 말하는 방법이 비슷하다. 크게 보면 '격려와 조언'이다.

남편을 격려하는 아내 "당신은 전달력이 좀 떨어지지만, 그 내용이 정말 좋아요."

남편에게 조언하는 아내 "당신의 설교 내용은 참 좋아요. 전달력만 키우면 좋은 설교자가 될 거예요."

이 말을 들은 남편 '아, 나는 전달력이 떨어지는 사람이구나.'

격려와 조언을 사랑이라고 생각하는 사람들이 많다. 남편의 직업별로 대화 내용이 다르더라도 아내의 반응은 비슷하다. 미흡한 부분을 먼저 말하고 잘한 것은 뒤에 말하면서 격려한다. 혹은 잘한 것을 먼저 말하고 잘못한 것을 뒤에 말하면서 조언한다. 내가 아니면 누가 남편을 돕겠냐면서 단점을 말해줘야 한다고 확신한다. 그러나 대부분의 남편들은 지적을 받으면 아내가 말하는 내용의 순서와 상관없이 '나는 잘 하지 못했구나'라고 받아들인다.

내 여자에게 중요한 것

남편에게 인정이 필요하다면 아내에게는 안정이 필요하다. 가정 세미나에 참석했던 한 분이 좋은 남편이 되겠다고 다짐하고 집에 가서 아내에게 말했다.

"여보! 사랑해."

이때 아내가 "여보, 고마워요. 나도 당신을 사랑해요"라고 하면 좋을 텐데 남편의 말을 듣자마자 아내가 이렇게 말한다.

"그럼 베란다를 치워주세요."

베란다를 청소하고, 전등을 교환하며, 빨래를 널어주는 등 남편이 집안일을 도와주면 그만큼 아내의 '할 일'이 줄어들고, 마음의 안정감을 갖게 된다. 남편이 아내의 할 일을 미리 해줄 때, 아내는 남편의 사랑을 확인한다.

우리 가정에서 한때 남편인 내가 집안살림을 모두 맡아 한 적이 있다. 아내가 마이크를 들고 쉼 없이 강의하다가 근육통이 왔기 때문이다. 오십견과 겹쳐서 고생하더니 결국 아파서 누웠다. 그때 내 일정을 최소한으로 줄이고 두 달 동안 집에서 일하며 섬겼다.

아침에 거실을 청소 한 후에 점심을 준비하고, 저녁에 집에 돌아와서 밀린 빨래를 하고 봄동나물을 무치고, 미역국을 끓였다. 그러면서 조리 도구들이 무겁다는 것도 알게 되었다. 저녁 설거지를 하면 하루가 금방 지나갔다. 두 달 동안 집안일을 하면서 아내가 얼마나 고생하는지 체험했다.

아내가 회복되어 우리는 원래 역할로 돌아왔다. 그렇지만 그간의 경험으로 나는 지금도 집안일을 어느 정도 나눠서 한다. 우선 집에 들어오면 15분 정도 집안을 살펴본다. 재활용품을 내어 놓고, 음식물 쓰레기를 버린다. 어느 날은 화장실과 베란다를 정리한다. 그리고 15분 이상 걸릴 일은 언제 할지 미리 아내에게 말한다.

그 15분 동안의 집안일로 아내는 남편의 사랑을 확인한다. 그만큼 아내의 할 일이 줄어들고, 안정감을 갖게 되기 때문이다.

장점과 강점이 중요하다

누구든지 장점과 단점, 강점과 약점이 있다. 사실 약점과 단점은 본인도 잘 안다. 그것을 고쳐보려고 평생 노력했지만 잘 개선되지 않는다. 그래서 단점이고 약점이다. 장점과 강점은 원래 잘하던 것이기 때문에 조금만 노력하면 더 잘한다. 그러나 단점과 약점을 보완하고 개선하는 건 쉽지 않다.

누군가 단점을 말하면 남자들은 지적을 받는다고 생각한다. 그래서 아내가 자꾸 지적하면 마음이 점점 멀어질 수 있다. 그럼에도 아내들은 왜 남편이 못하는 부분을 자꾸 이야기할까?

아내들이 쉽게 빠지는 '균형론'이라는 함정이 있다. 남편을 사랑하는 마음으로 도와주려고 한다. 그의 균형을 잡아주려고 한다. 그가 좀 더 노력해서 잘되기를 원하는 마음으로 단점을 보완하라고 말한다. 혹은 단점이 있는 반면 장점도 있으니까 힘을 내라고 말한다. 그렇게 말하는 동기는 분명하다. 사랑이다.

그러나 남편들은 다르게 받아들인다. 남편 이전에 남자이기 때문이다. 남자는 자기가 한 일을 인정받아야 다음 걸음을 걸을 수 있다. 그들이 정말 원하는 것은 "당신, 정말 잘했어!" 바로 이 한 마디뿐이다.

남편 목회자의 설교가 끝난 후 조언하고 격려하려는 사모님들에게 한 가지 좋은 방법을 알려주었다. 단지 이 말만 하면 된다.

"당신 설교는 내용이 좋아요."

그리고 끝이다. 더 이상 말할 필요가 없다.

사랑하는 마음으로 남편의 약점을 정말 고쳐주고 싶은데, 어떻게 해야 지혜롭게 도와주는 것일까? 내가 아니면 누가 우리 남편을 도와줄 수 있을까? 가장 좋은 방법은 장점은 남편에게 말하고, 단점은 하나님께 기도하는 것이다. 남편을 위해 기도하면 정말로 변화가 일어난다.

그리고 단점은 생각보다 힘이 없다는 사실을 꼭 기억하라. 약점 때문에 될 일이 안 되는 것이 아니다. 어떤 일이든지 그 일을 잘되게 하는 기본 원칙이 있다. 장점이 발휘되고, 강점이 활용될 때 잘된다. 약점과 단점은 우리를 겸손하게 하고, 다른 사람의 필요를 느끼게 할 뿐이다. 그래서 장점과 강점이 중요하다.

[적용 1]

누구나 자기 행동에 스스로 영향을 받는다. 남편의 단점을 지적하면서 잔소리하면 먼저 아내가 스스로 영향을 받는다. 자기가 한 말은 자기가 더 잘 기억한다. 자연스럽게 자기는 잔소리하는 사람이라는 이미지를 갖게 된다.

그러나 남편의 단점을 기도제목으로 여기고 하나님께 나아가 아뢰면 자신은 '믿음 있는 좋은 아내'가 된다. 하나님은 기도하는 사람에게 응답하기 이전에 먼저 마음의 평강을 주신다. 그래서 기도하는 아내는 마음이 편해지고 더 여유로운 마음으로 남편을 대할 수 있게 된다.

남편이 아내에게 사랑을 표현하는 방법은 어렵지 않다.

'내가 어떻게 하면 아내의 할 일이 줄어들까?'를 생각하라.

아내가 남편에게 사랑을 보여주는 것도 쉽다.

"당신, 정말 잘했어요" 하고 남편을 칭찬하라.

TO DO 1 아내를 도와줄 일을 적어보라.

♥ _____

♥ _____

♥ _____

♥ _____

[적용 2]

남자들에게 미래는 부담스러운 '짐'이다. 매일 양 어깨를 짓누르는 무거운 짐을 지고 퇴근한다. 연봉과 사회적 지위와 관계없이 남자들은 내일 떠오르는 태양을 맞이하기가 힘들다. 준비가 안 되어 있다.

"당신이 퇴직하면 우리는 이제 어떻게 살아요?"

"이렇게 살면 우리 애들은 어떻게 될 것 같아요?"

"어디로 이사를 가야 하나요?"

아내의 걱정스런 한마디는 무거운 짐 위에 바윗덩어리를 올려놓는 것이다. 남편에게 하고 싶은 말이 있을 때, 먼저 심호흡을 하라. 그리고 남편이 남자인 것을 기억하라. 내 남자로서 남편이 가장 듣고 싶은 말을 먼저 하라.

남편이 잘한 것을 찾기가 어렵다는 사람이 있다. 잘했다고 말하고 싶은데 무엇을 잘했는지 모르겠다는 것이다. 남편이 못하는 것만 먼저 보이는 경우다. 하지만 아내이자 여자로서, 남편에 대한 고정관념을 내려놓고 작은 부분부터 인정하면 분위기가 점점 좋아진다.

"당신이 그런 좋은 생각을 했다는 것이 놀랍네요. 정말 대단해요."

아내에게 이런 말을 들으면 남편이 살아난다. 내일 떠오르는 태양이 기다려진다. 아내에게 인정받으면 남자로서 용기가 생겨 좋은 남편이 된다. 자신감이 높아져 아내에게 사랑을 실천하는 여유를 보인다.

TO DO 1 남편이 잘한 일을 찾아보라.

♥ _____

♥ _____

♥ _____

♥ _____

[적용 3]

좋은 부부가 되는 데 오래 걸리지 않는다. 남편을 인정하고 아내의 안정감을 도와주기 시작하면 즉시 행복한 부부로 다시 태어난다. 다른 가정, 다른 부부와 비교하지 말고 우리 부부에게 맞는 방법을 찾으면 행복하게 살 수 있다.

남편이 인정받기 시작하면 아내의 안정감에 더 큰 관심을 갖게 된다. 우리 부부가 인정과 안정의 중요성을 배운 이야기는 《하나님 부부로 살아가기》에서 소개했다("6장 저 작은 여우들을 잡아요" 중 '남녀의 차이를 알라', 188-192쪽).

남자가 남편이 되었고, 여자가 아내가 되었다. 그러고 나서 아빠와 엄마가 되었다. 출발은 남자와 여자이다. 남자들이 인정받고 싶어 한다면 인정해주면 된다. 아내가 안정감을 필요로 하면 남편이 채워줘야 한다. 서로 사랑하는 부부로서 사랑을 실천해야 한다.

'인정'과 '안정'이 남자와 여자가 원하는 전부는 아니지만 친밀한 부부가 되는 좋은 출발점이다. 서로 요구하면 힘들고 먼저 배려하면 쉽다. 먼저 생각한 사람이 자기가 할 일을 실천하면 서로에게 변화가 일어난다. 하나님께서 만드신 창조 원리를 따라가면 그분이 도와주신다. 하나님이 우리 부부의 중심에 오시면 좋은 부부가 된다.

TO DO 1 **남편과 아내를 위한 기도를 적어보라.**

_____

_____

_____

_____

_____

_____

_____

_____

_____

_____

_____

_____

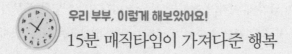

네 명의 아이를 키우는 우리 부부. 그래서 아내는 아침이 가장 분주하다. 아침부터 거의 모든 힘을 소진해 지쳐버린 아내는 종종 힘들다고 짜증을 낸다. 그럴 때면 "수고한다", "사랑한다"라는 내 말이 위로가 되지 않는다고 아내는 말한다.

그녀를 향한 내 진심을 어떻게 전달할지 고민하다가 《하나님 부부로 살아가기》를 읽게 되었다. '날마다 집안일을 최소한 15분이라도 돕는다'는 저자의 삶이 도전이 되어 나도 '15분 매직타임'을 시작했다.

말만 하지 않고 실제로 사랑을 실천하기로 했다. 평상시에도 아내를 도와주려고 노력했지만 이번처럼 적극적이고 지속적으로 실행하기는 처음이었다. 무엇보다 15분이라서 부담이 없었다. 유치원 가는 아이 차 태우기, 이불 정리하고 청소기 돌리기, 거실의 책 정리를 하면서 날마다 조금씩 아내를 도와주었다.

아내는 내 덕분에 훨씬 여유 있는 아침시간이 되었다며 고마워했다. 그리고 내가 자기의 수고를 알아준다고 생각되니 힘이 나고 정말 사랑받는 아내라는 확신이 들어 행복하다고 했다.

그동안 아내는 자신을 위한 시간을 갖는 게 정말 어려웠다. 그런데 막내가 세 살이 되면서 조금 여유가 생기자 뭔가를 배우고 싶어 했다. 아이들을 위해 쿠키를 굽고 빵을 만들고 싶다는 말을 지나가듯 했다.

나는 그 말을 귀담아듣고 아내가 제과제빵을 배우는 교회 성도와 함께 배우도록 도왔다. 중고 오븐을 선물하고 제빵 도구들과 책도 구입해줬다. 아내는 아이들을 키우느라 늘 재정적 부담을 안고 있었는데, 남편인 내가 자기를 위해 재정을 써줘서 고맙다며 눈물을 글썽였다. 나는 그런 아내를 꼭 안아주었다. **이광희**(결혼 10년차)

당신의 행복을 지켜줄게

happiness

부부 세미나 강의를 열심히 듣고 있는 남편 홍 집사와 아내 박 집사.

강사

> 자, 그럼 이제 강의를 들었으니 서로 행복을 지키는 방법을 찾아보세요. 다 쓰신 분은 나눠주세요.

멋진 홍 집사

> 토요일에 남편은 축구한다. 대신 평일 저녁에는 가사를 돕는다. 일요일 저녁은 모두 모여 가족의 시간을 갖는다.

예쁜 박 집사

> 한 가지 더 있어요!
> 축구장에 아내가 떡볶이를 가져간다.

강의실 여기저기서 탄성이 터지고 박수소리가 들린다. "와우! 짝짝짝!"

지혜로운 박 집사

남편이 제일 좋아하는 떡볶이를 맛있게
만들어서 경기가 끝날 때쯤 갖고 가려고
요. 모두 먹을 만큼 아주 많이 해서요.

듣고 있던 김 집사 외

오올~ 저 아내 분은 분명히 축구팀의
영웅이 될 거야! 부럽부럽!

멋진 홍 집사

당장, 집에 가서 집안일을 하고 싶습니다!

감동한 박 집사

남편의 행복이 제 행복이에요!

같이 행복하기

부부는 서로 행복을 지켜주어야 한다. 그래야 각자의 행복도 지켜진다. 아내가 행복하면 남편이, 남편이 행복하면 아내가 행복하다. 둘은 한 몸이기 때문이다. 나는 이 원리를 깨닫고 그의 행복을 지켜주기 위해 세 가지를 실천했다.

- 남편이 좋아하는 일을 하도록 할 것.
- 남편이 사고 싶어 하는 것을 반대하지 말 것.
- 남편이 가자고 하는 곳은 믿고 따를 것.

나는 '행복하게 살자'를 인생의 표어로 삼았다. 아주 단순한 목표지만 이것이 나를 지으신 하나님의 창조 목적이라고 믿기 때문이다. 그리고 늘 생각한다.

'내가 언제 정말 행복하지?'

나와 가까이 지내는 사람들이 행복하면 나도 행복하다. 특히 가족의 행복이 중요하다. 그래서 나는 아이들의 행복을 지켜주는 것을 자녀양육의 기준으로 삼고 남편의 행복을 지켜주는 아내가 되려고 노력한다. 그랬더니 내 행복도 지켜졌다.

요즘 남편이 집에 들어오면 15분 정도 집안일을 한다. 거실에서 베란다로, 화장실에서 주방으로 다니며 할 일을 찾는다. 내가 하는 집안일의 총량에 비하면 턱없이 부족한 시간이지만, 그런 남편으로 인해 정말 행복하다.

그러나 그가 처음부터 자상했던 건 아니다. 내가 한창 어린 세 자녀를 키울 때, 그는 사역으로 매우 바쁜 시기였다. 선교지를 방문하느라 집에 없을 때가 많았다. 그래서 나는 책을 읽거나 글을 쓰고 싶어도 전혀 여유가 없었다. 모처럼 시간이 나도 지쳐서 아무것도 하지 못했다.

그러던 어느 날, 소파에 앉아 책을 읽는데 부엌에서 설거지 소리가 들렸다.

'세상에… 이런 날도 오는구나!'

나는 감탄하며 설거지하는 남편을 바라보았다. 그날 이후 이런 날들이 계속되고 있다. 그래서 부부는 오래 살아야 한다. 배우자가 어떻게 변화될지 기대를 갖고 끝까지 살아야 한다. 쉽게 포기하지 말고 상대의 행복을 지켜주며 사랑하며 살자.

배우자가 좋아하는 일을 하게 하라

나는 남편이 좋아하는 일을 하게 했다. 결혼하고 몇 년 후부터 남편이 자전거를 타기 시작했다. 밖에서 자전거를 타고 돌아온 그의 눈빛은 언제나 반짝였다. 마치 '나는 정말 행복합니다'라는 말을 온몸으로 표현하는 듯했다.

자전거로 출퇴근을 했는데, 퇴근 후에 또 자전거를 타러 나갔다. 그는 집 근처의 사라봉과 별도봉을 오르내리며 바다가 내려다보이는 비탈길을 달렸다. 맑은 날, 궂은 날을 가리지 않고. 오히려 비바람이 치는 날이면 자전거 타는 재미를 만끽하며 더 즐겼다.

사실 비오는 날에 그가 자전거 타러 나가면 나는 몹시 불안했다. 안전을 위한 기도가 절로 나왔다. 그러나 비가 그치게 해달라는 기도는 하지 않았다. 빗속을 달리고 온 날은 남편이 더 행복해 보였기 때문이다.

그런 날이면 나는 "당신, 참 대단해!"라고 말하며 엄지를 척 들어 보였다. 그럴 때면 그는 세상을 다 가진 사람처럼 환하게 웃었다. 행복한 남편을 보는 것은 정말 행복했다.

부부학교에 참석한 한 젊은 부부가 있었다. 남편이 토요일마다 축구동호회에 나간다고 했다. "유치원과 초등학교에 다니는 자녀가 있는데, 주말마다 남편이 축구를 하러 나가니 갈등이 반복된다"

라고 아내가 말했다.

반면에 남편은 "축구하는 것이 죄도 아니고 비난받을 일도 아닌데 왜 문제가 되는지 모르겠다"라고 말했다. 이런 경우에 어떻게 서로의 행복을 지켜주면서 가족의 행복도 지킬 수 있을까?

상대가 원하는 물건에 관심 갖기

나는 남편이 쇼핑을 싫어하는 줄 알았다. 내가 옷을 고르고 이불과 그릇 매장을 기웃거리면 그는 늘 기다리다 지친 표정으로 멀찍이 서 있었다. 그러다가 슬며시 다가와 말했다.

"빨리 좀 사고 집에 가지."

이 한 마디에 내 쇼핑의 즐거움은 순식간에 사라져버렸다. 그런데 어느 날, 남편을 따라 전자상가에 갔다. 남편은 눈을 반짝이며 활기가 넘쳐서 여기저기 돌아다녔다. 이번에는 내가 기다리다 지쳐 쓰러질 것 같았다. 의자에 앉아 남편을 보고 있었다. 물건을 들었다 놓기를 반복하고 살까 말까 고민하는 모습이 나와 똑같았다. 쇼핑을 싫어하는 남편이 아니었다.

그때 그의 행복을 지지해줄 또 한 가지 일을 찾았다.

남편이 사고 싶어 하는 것을 반대하지 않는다.

나는 캠코더 앞에서 망설이는 남편에게 다가가 속삭였다.

"꼭 필요하면 그냥 사도 돼."

그리고 6개월 동안 생활비를 줄였다.

"남에게 대접을 받고자 하는 대로 너희도 남을 대접하라"(마 7:12)는 말씀은 인간관계에서 지켜야 할 최고 가치, 황금률(黃金律)이다. 이 말씀 자체가 중요하기도 하지만, 이 말씀을 지킬 때 황금 같은 행복을 누리게 된다는 뜻이다.

내가 남편의 쇼핑 행복을 지켜주었더니, 그도 쇼핑하는 나를 기다려주었다. 그 후로 우리는 서로 사고 싶은 것에 대해 반대하지 않는다. 돈이 있으면 사게 한다. 물론 돈이 부족하면 사지 않는다. 다만 언젠가 살 수 있다는 희망은 절대 빼앗지 않는다.

배우자에게 지지받고 싶은 대표적인 일이 '쇼핑'이다. 나는 강의하면서 부부에게 각자 원하는 것을 적어보라고 했다. 사람들은 버킷 리스트를 작성하듯 희망 구매품목을 적는 일에 집중했다. 강의실에 즐거운 적막이 흘렀다. 그리고 마침내 다 적은 사람들이 상기된 얼굴로 나를 바라보았다. 내가 말했다.

"이제부터 배우자를 보시고 각자 쓴 것을 말해보세요."

희망 구매품목을 배우자에게 말할 수 있고 또 배우자가 경청하는 것만으로도 모두들 행복해 했다. 서로의 관심과 필요를 들으면서 배우자를 더 세밀히 알게 되었다고 말했다. 아내의 지지를 받은 한 남자는 SNS의 프로필을 당장 멋진 자동차 사진으로 바꾸었다. 언제 그 차를 타게 될지는 모르지만 아내가 지지한 사실만으로도 어린아이처럼 좋아했다. 남편의 밝은 모습을 바라보며 그의 아내가 말했다.

"그동안 저는 무조건 '안 돼!'라고만 했어요. 그런데 무조건 막을 필요가 없다는 것을 알았어요. 허락한다고 당장 사는 것도 아니잖아요. 다만 언젠가 살 수 있다는 가능성을 열어주었을 뿐인데 이렇게 남편이 좋아하네요. 이 행복을 꼭 지켜주고 싶어요."

물론 쇼핑에는 원칙이 있다. 가정의 재정상황에 따라야 한다. 생활 예비비를 먼저 준비하고 빚을 지면 안 된다. 그리고 돈이 있을 때 구매하면 된다. 지금 살 수가 없으면 목표를 갖고 조금씩 저축하면 된다. 언젠가 살 수 있다는 희망을 갖고 서로 허락하고 지지해주면 된다.

부부는 한 몸이다

결혼 25주년 기념일에 내가 남편에게 물었다.

"당신은 나와 살면서 언제 가장 행복했어?"

"당신과 살면서 행복하지 않았던 적은 한 번도 없어. 그동안 당신이 나를 믿고 따라와줘서 늘 고마웠지. 이것이 남편으로서 느낀

가장 큰 행복이야."

나는 그의 행복을 계속 지켜주고 싶었다. 그래서 에베소서 5장을 읽고 거듭 묵상했다.

아내들이여 자기 남편에게 복종하기를 주께 하듯 하라 이는 남편이 아내의 머리 됨이 그리스도께서 교회의 머리 됨과 같음이니 그가 바로 몸의 구주시니라 그러므로 교회가 그리스도에게 하듯 아내들도 범사에 자기 남편에게 복종할지니라 엡 5:22-24

남편들아 아내 사랑하기를 그리스도께서 교회를 사랑하시고 그 교회를 위하여 자신을 주심같이 하라… 이와 같이 남편들도 자기 아내 사랑하기를 자기 자신과 같이 할지니 자기 아내를 사랑하는 자는 자기를 사랑하는 것이라 엡 5:25,28

결혼 제도는 처음부터 하나님이 만드셨다(창 1:27,28, 2:24). 그래서 행복한 부부생활의 비결을 하나님이 가장 잘 아신다. 그 방법이 에베소서 말씀에 있다.

아내는 남편에게 순종한다. 남편은 아내를 사랑한다.

하나님의 창조 원리를 이해하면 남편의 말에 순종하는 것이 어렵지 않다. 나는 내가 먼저 남편에게 순종하기로 결정했다. 그가 내 머리이기 때문이다. 순종이 '남녀가 평등한 21세기에는 말도 안 되는 소리'라며 거부하는 사람도 있다. 그러나 성경이 강조하는 원리는 시대를 초월한다.

여자가 순종하는 것은 '부부관계' 안에서 이뤄지는 일이다. 아내가 자기 남편에게 순종하는 이유는 그가 자신의 머리이기 때문이다. 옆집 남자와는 전혀 상관없는 말이다. 여기서 순종은 자신의 남편을 믿고 따른다는 뜻이다. 성도가 교회의 머리이신 예수님을 믿고 따르는 이치와 같다.

머리는 어디로 가야 할지 또는 무엇을 해야 할지 생각하고 분별하여 결정한다. 몸을 지키고 이끌 무거운 책임이 머리에 있다. 이때 머리가 역할을 잘 하도록 돕는 방법이 몸에 있다. 남편이 머리의 역할을 한다면 아내는 몸의 역할을 한다. 머리와 몸이 하나가 되어 한 육체가 되는 것처럼 남편과 아내는 한 몸이 된다.

그래서 "당신이 결정하면 나는 따라갑니다"라는 아내의 신뢰와 지지가 남편에게 큰 힘이 된다. 남편이 힘을 내면 아내도 힘이 난다. 둘은 한 사람이기 때문이다. 만약 몸이 따라가지 않으면 머리는 혼자서 갈 수 없다. 또 남편들은 자신의 결정이 가족 전체에 미칠 영향을 알고 있기에 때로 두렵고 떨림을 가슴 한편에 안고 산다.

그럴 때 "내가 당신을 믿고 따를 테니, 한번 해봅시다"라고 말하는 아내가 필요하다. 일의 결정 유무나 성패를 떠나서 그런 아내가 곁에 있는 남편은 행복한 사람이다. 그래서 성경은 아내들에게 말씀하신다.

"네 남편을 믿고 따르라. 이것이 순종이다."

사랑받아야 순종할 수 있다

그렇다고 남편에게 억압받고 눌려 있거나 억지로 그의 말에 따르라는 뜻이 아니다. '자발적'으로 순종해야 한다. 그런데 자발성은 사랑을 받을 때 나온다. 그래서 성경은 남편에게 아내를 사랑하라고 명령한다. 남편에게 사랑받는 아내는 쉽게 순종한다.

아내들은 남편이 자신을 존중하고 아껴줄 때 '아! 남편이 나를 사랑하는구나'라고 확신한다. 아내를 사랑하라는 말씀은 곧 그녀를 소중히 여기라는 뜻이다. 아내를 귀히 여기며 지켜주고 돌봐주는 것이 남편의 사랑이다. 예수님이 교회를 사랑하여 자기 자신을 주심과 같이.

남편에게 사랑받는 아내는 행복하다. 몸인 아내가 행복하면 자연스럽게 머리인 남편도 행복해진다. 아내의 행복이 곧 남편의 행복이 된다. 부부가 함께 반짝반짝 빛난다. 남편이 아내를 소홀히 여기고 자기 일에만 온통 관심을 쏟는다면 몸은 쇠약하고 머리만 살찐 가분수형 부부가 된다. 반대로 아내가 남편을 무시하고 자기 마음대로만 산다면 머리는 작고 몸만 큰 기형 부부가 된다.

이렇게 균형이 깨지면 부부의 행복도 무너진다. 순종과 사랑의 접착제가 힘을 잃으면 친밀감이 떨어지고 관계가 멀어진다. 한 몸이 되어야 하는데, 원래의 두 사람으로 쉽게 떨어진다.

반대로 사랑과 순종의 삶을 지속적으로 이어가는 부부는 깊게 연합하게 된다. 어느 누구도, 그 무엇으로도 뗄 수 없는 친밀한 사이가 된다. 남편과 아내 사이에 사랑과 순종의 순환이 원활하게 이루어질 때 몸이 건강하고 마음이 행복하다. '사랑과 순종'이야말로 하나님이 알려주신 행복한 부부의 비결이다.

떠나고, 떠나보내기

부부가 한 마음으로 굳게 연합하려면 먼저 부모를 잘 떠나야 한다. 연합을 방해하는 많은 원인 가운데 하나는 남편이나 아내가 아직 부모를 떠나지 못한 까닭이다. 한 몸으로 연합하기 위해서는 필수적으로 부모를 떠나야 한다. 연합은 떠남에서 비롯한다. 결혼의 원리에서 매우 중요한 부분이다.

이러므로 사람이 그 부모를 떠나서 그 둘이 한 몸이 될지니라 막 10:7,8

부모를 떠난다는 첫 번째 의미는 우선순위를 다시 결정하는 것이다. 그동안 부모가 자기 삶의 1순위였다면 이제는 배우자를 1순위로 바꾸어야 한다. 우선권을 바꾸는 일이 '떠남과 연합'을 가능하게 한다. 부모를 떠나는 것과 부모를 공경하는 일은 결코 충돌하지 않는다. 우리 부부는 아이들에게 부모 공경과 함께 떠남의 중요성을 가르쳤다.

"우리와 너희 배우자가 의견이 다를 때, 너희는 누구의 의견을 따라야 하지?"

아이들은 지체하지 않고 자기 아내 혹은 자기 남편이라고 대답한다. 너무 빨리 대답해서 조금 섭섭할 때도 있지만 우리가 잘 가르쳤다는 것을 확인하고 안심했다. 아이들에게 그렇게 가르친 이유가 있다. 그들이 결혼하면 행복한 부부로 살아야 하기 때문이다. 자녀가 행복한 부부로 살아야 부모인 우리도 행복하지 않겠는가!

결혼 후에 자녀를 떠나보내지 못하는 부모들이 많다. 평생 자녀에게 모든 것을 쏟고 살다보니 떠나보내는 일이 쉽지 않다. 더구나 평소 자신의 배우자가 1순위가 아니고 자녀였다면 더 어렵다. 중년과 노년의 부부들에게 배우자를 삶의 우선순위로 두는 훈련이 반드시 필요하다.

부부관계가 친밀하고 행복하면 자녀를 잘 떠나보낼 수 있다. 뿐만 아니라 자녀가 자신의 배우자와 잘 연합하는 모습을 기쁘게 바라볼 수 있다. 그것을 지켜보는 행복을 누리게 된다. 자녀가 행복하면 부모도 행복하다. 그렇게 떠남과 연합이 주는 행복을 부모와 자녀가 함께 누리는 것이 결혼이다.

[적용 1]

모든 부부에게 가능성이 있다. 내가 먼저 배우자의 행복을 지켜주면 언젠가 그 열매가 돌아온다. 나이가 들수록 더 친밀하고 행복한 부부로 살 수 있다. 우리 부부의 강의를 듣고 자신의 아내에게 질문한 젊은 남편의 얘기를 들었다.

"당신은 언제 가장 행복해?"

"음···."

"대답해 봐요. 내가 그 행복을 지켜줄게."

아내는 남편의 눈을 지그시 바라보며 대답했다.

"당신이 그렇게 물어봐준 이 순간이 너무 행복해서 눈물이 나네요."

TO DO 1 배우자에게 "당신은 언제 행복한가요?"라고 질문해보라.

남편의 대답

♥ _____

♥ _____

♥ _____

♥ _____

♥ _____

아내의 대답

♥ _____

♥ _____

♥ _____

♥ _____

♥ _____

TO DO 2 배우자의 행복을 지켜줄 방법을 생각해보자.

아내의 행복을 지켜줄 방법

♥ _____

♥ _____

♥ _____

♥ _____

남편의 행복을 지켜줄 방법

♥ _____

♥ _____

♥ _____

♥ _____

[적용 2]

삶의 우선순위를 잘못 적용하면 갈등이 생긴다. 특히 결혼생활에서 관계의 우선권을 분명하게 해야 한다. 이것을 중요하게 여기지 않으면 삶이 복잡해진다. 나는 사역과 자녀의 일이 겹치면 자녀가 우선이다. 자녀와 남편 사이에서는 남편이 우선이다. 평소에 명확한 기준이 있기에 머뭇거리지 않는다.

내 삶의 우선순위를 적어보라.

부모(   )   자녀(   )   배우자(   )   친구(   )   일(   )

교회(   )   공부(   )   기타(   )

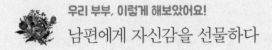

남편에게 자신감을 선물하다

나는 '돕는 배필'이 되고 싶었다. 하지만 구체적으로 어떻게 해야 할지 잘 몰랐다. 남편에게 잘하고 싶고 또 그의 자신감을 더욱 북돋아주고 싶은데 안 될 때가 많았다. 그러다가 《하나님 부부로 살아가기》를 읽고 CBS TV의 〈아카데미 숲 – 부부 이야기〉를 보며 남편의 행복을 지켜주는 방법을 배우게 됐다.

이미 내가 노력하는 것도 있었지만 책에서 배운 일들을 실천하면서 내가 진정으로 돕는 배필이 되고 있다는 확신을 갖게 되었다. 남편을 위해 맛있는 밥을 차리려고 노력했지만 요리를 잘하지 못해서 쉽지 않았다. 하지만 남편을 생각하며 정성껏 음식을 만들었다

날마다 열심히 노력하는 나를 보고 남편은 미소를 지으며 고맙다고 했다. 사실 그런 그로 인해 내가 더 감사하고 행복했다. 음식 솜씨가 좋다는 이야기도 듣게 되었다. 그래서인지 매사에 자신감을 갖게 되었다. 남편을 기쁘게 하려고 요리를 시작했는데, 내게도 도움이 되었다.

어느 날, 남편이 수영을 배우고 싶다며 새벽예배를 마치고 수영하고 집에 와도 괜찮겠느냐고 물었다. 분주한 아침시간에 그의 도움이 필요한 나는 고민이 되었다. 쉽지 않은 결정이었지만 남편을 돕기로 결정했다. 그리고 선물을 주듯 말했다.

"당신의 행복을 지켜줄 테니 수영을 배워요!"

남편은 매일 즐겁게 수영을 하며 체중도 10킬로그램 정도 감량하여 더 건강해졌다. 그는 자주 행복하다고 내게 말한다. 그런 남편을 보니 나도 행복하다. **박다야**(결혼 10년차)

많이 알면 더 사랑하게 된다

knowing

오랜만에 가족사진을 함께 보며 대화하는 부부.

 사랑스런 박 집사

> 어머니는 어떤 분이셨어?

듬직한 홍 집사

> 음… 어머니를 생각하면 늘 미안한
> 마음이 들어. 많이 부끄럽고….

 사랑스런 박 집사

> 그래도 얘기해 봐. 지난 일인데 뭘….

듬직한 홍 집사

> 어머니가 허리 통증이 심해서 침을 맞으러
> 가는데, 한의원에 함께 가주겠느냐고 하
> 셨어. 그래서 따라나섰는데 어머니가 허리
> 를 구부리고 온몸을 비틀며 걸으시는 거
> 야. 그래서 내가 "엄마, 허리를 좀 펴고 걸
> 어요. 사람들이 다 쳐다보잖아요" 하고
> 말했지.

사랑스런 박 집사

아, 그때 어머니가 많이 힘드셨나 보네.

듬직한 홍 집사

응, 그런데 나는 답답해서 "좀 빨리 걸어요. 차가 오잖아요" 하고 또 소리를 질렀어. 건널목을 반도 건너지 못했는데, 신호가 바뀌며 양방향에서 차가 막 몰려오고 있었거든. 우리 모자는 그 자리에서 오도 가도, 서 있지도 주저앉지도 못했지.

사랑스런 박 집사

어머, 어째….

듬직한 홍 집사

그런데 날 보면서 어머니는 연신 "미안하다, 미안하다"라고 말씀하셨어. 내가 참 철부지였던 거지.

사랑스런 박 집사

당신이 그랬다고? 참, 잘못했네. 앞으로 우리 둘이 어머께 더 잘해요.

방송 강의 듣기
갓피플TV 패밀리타임(familytime.godpeople.com)
3강 많이 알면 더 사랑하게 된다 _ 홍장빈

지나온 삶을 나누라

부부가 가장 많이 하는 일은 무엇인가? 부부가 가장 잘해야 하는 일은 무엇인가? 가장 많이 하는 일을 잘하면 좋은 부부가 된다. 부부가 되면 대화를 가장 많이 한다. 대화를 잘하면 좋은 부부가 된다. 둘은 평생 대화하는 동반자이다.

먼저 서로의 원가정을 알아야 한다. 특히 부모님이 어떤 분이신지 알아야 한다. 집안 갈등은 부모님을 잘 모르는 데서 시작된다. 원만한 대화를 위해 좋은 기억부터 나누라. 장인, 장모와 시부모에 대한 고정관념이 없는 상태에서 좋은 이야기를 충분히 듣는 것이 중요하다.

아내와 나는 먼저 서로의 아버지를 주제로 대화했다. 어머니 이야기는 일상생활에서 쉽게 하게 되고 또 좋은 이야기가 많다. 어머니를 생각하면 대부분 미안하고 고마운 기억들이 있기 마련이다.

그러나 아버지에 대한 이야기를 하기는 쉽지 않다. 아버지를 생각하면 힘들고, 어렵고, 마음이 상하고 상처 받은 일들이 많다. 대한민국의 격변기를 온몸으로 버티며 생존을 최우선으로 삼아야 했던 가장의 현실이 있었기 때문이다. 무엇보다 그 분들은 좋은 아버지에 대한 성경적인 지식이 희미했던 시대를 사셨다.

아내에게 내 아버지 이야기를 하기로 했는데, 무엇을 말해야 할지 생각나지 않아 다음에 하자고 했다.

다음 날, 내가 운동화를 빨고 있는데 아내가 물었다.

"당신 운동화를 빨고 있네. 내가 해줄까?"

"아니, 괜찮아. 운동화는 내가 직접 빨아서 신었어."

"그랬구나. 왜? 언제부터?"

"글쎄! 아주 오래된 습관이야."

그때 갑자기 아버지에 대한 기억이 떠올랐다. 내가 열 살 때, 추석에 신으라고 아버지가 운동화를 사주셨다. 나는 기다릴 수 없어 몰래 운동화를 꺼내 신고 밖으로 나갔다. 새 운동화를 신으니 너무나 기쁘고 좋아서 온 동네를 뛰어다녔다. 그러다가 신발 한 짝을 큰 웅덩이에 빠뜨리고 말았다.

순간 나는 운동화보다 아버지한테 혼날 것이 더 걱정이 되었다. 급히 대나무 장대를 주워서 신발을 꺼내려 했지만 허사였다. 나는 그 자리에 주저앉아 엉엉 울고 말았다.

이를 본 친구가 우리 집으로 뛰어가서 내 상황을 아버지에게 알렸다. 아버지는 커다란 양동이를 들고 와서 물을 퍼내기 시작하셨다. 내 친구들도 집으로 달려가서 양동이와 바가지와 세숫대야를 들고 왔다. 고무신을 벗어 물을 퍼내는 아이도 있었다. 아버지와 내 친구들이 재미있게 운동화 꺼내기 놀이를 하고 있었다. 나도 눈물을 닦고 물푸기 놀이에 슬쩍 끼어들어 신나게 물을 폈다.

어느 틈에 진흙바닥에 박혀 있는 운동화가 모습을 드러냈다. 아버지는 운동화를 꺼내서 내게 건네시며 딱 한마디 말씀만 하셨다.

"네가 빨아서 신거라."

그때부터 운동화를 빨기 시작했다고 아내에게 말했다. 아들의 실수를 놀이로 바꾸신 아버지 이야기를 듣던 아내가 감동했다.

"아버님이 참 좋은 분이셨구나!"

아내가 내 아버지를 좋게 말해줘서 기뻤다. 내 어린 시절에 숨겨져 있던 보물 하나를 다시 찾은 듯 행복했다.

어느 날, 아내가 어머니는 어떤 분이셨냐고 물었다. 나는 어머니를 생각하면 늘 미안하다. 어머니는 허리가 많이 아프셨는데 잘 돌봐드리지 못했다. 어머니는 병원에 다녀도 차도가 없자 기도원으로 가셨다. 그런데 3일 후, 어머니가 허리를 곧게 펴고 걸어오셨다. 통증 없이 웃는 어머니의 환한 웃음을 오랜만에 보았다.

그날 어머니는 십자가 능력에 대해 내게 들려주셨다. 기도원 예배당에서 아픈 허리를 부여잡고 기도하다가 잠이 들었는데 꿈속에서 밝은 빛을 보셨다고 한다. 그 빛이 언덕 위에서 빛나고 있었고 어머니는 힘겹게 빛을 향해 올라가셨다. 십자가에 달리신 예수님으로부터 빛이 쏟아지고 있었다.

그분의 발등이라도 만지고 싶다는 간절한 마음으로 어머니는 몸을 일으켜 손을 뻗었다. 그렇게 아픈 허리를 억지로 펴다가 소리를 지르며 잠에서 깼다. 그때부터 굽었던 허리가 곧게 펴졌고 통증이 완전히 사라졌다고 하셨다.

아내가 말했다.

"역시 우리 어머님은 주님을 의지하는 믿음으로 사셨군요. 참 감사하네요."

내 부모님에 대해 아내가 말하는데 마치 내가 칭찬을 들은 것처럼 기분이 좋았다. 그러고 나서 아내가 장인어른에 대한 이야기를 시작했다.

"새해 아침에 아버지는 우리에게 종이 카드를 열 장씩 나눠주셨어. 만약 누군가 욕을 하거나 나쁜 말을 하면 그 카드를 한 장씩 잃게 돼. 그래서 카드를 잃지 않으려고 나쁜 말을 하지 않았어. 덕분에 형제들 모두 말하는 법을 훈련받으며 자랐지."

나는 아내가 다른 사람을 험담하지 않는 이유를 알게 되었다. 아내는 장모님 이야기도 많이 했는데, 들을수록 장인어른과 장모님이 더 친근하게 느껴지고 처가 식구들에 대한 어색함이 줄어들었다. 우리 부부는 성장 과정에 대한 대화를 통해 서로를 더 잘 알게 되었다. 아내와 내가 추억을 공유한 오랜 친구가 된 것 같아 행복했다.

배우자의 관심사에 귀 기울이기

부부는 서로의 관심사를 존중해주어야 한다. 남편이 중요하게 여기는 것이 무엇이고 아내가 좋아하는 것은 어떤 것인지를 묻고 이야기하라. 이는 중요한 대화의 소재이다.

남편과 아내는 각자 자신의 삶이 즐거워야 한다. 그래야 일상에 눌리거나 지치지 않는다. 육아 이야기만 반복하면 당연히 대화가 줄어든다. 남편들도 자녀양육에 관심이 있지만 비슷한 이야기를 되풀이하다 보면 부부 대화의 즐거움을 잃을 수 있다.

나는 선교단체에서 사역하면서 해외 선교지를 방문하는 일이 많았다. 사역을 마치고 집에 돌아오면 아내가 맛있는 찌개를 끓여놓았다. 아이들은 풍선을 달고 여기저기 환영 문구를 붙여놓았다. 내가 집에 돌아온 것을 환영받는 그 순간이 정말 좋았다.

그런데 어느 날, 선교 사역을 마치고 집에 왔는데 조용했다. 아내가 책에서 눈을 떼지 못하고 조금만 기다려달라고 내게 손짓했다. 내가 읽다 두고 간 책에 완전히 빠져서 감탄을 연발했다.

"와, 이 책 정말 재밌어!"

내가 집에 없는 동안 아내는 법정 추리소설 세 권을 다 읽었다고 했다. 얼마나 흥미진진한지 책을 내려놓지 못해 밤을 샜다고 말하는 아내의 눈이 반짝였다. 이사하자마자 정리도 못하고 집을 떠났던 나는, 사역하는 내내 아내에게 많이 미안했다.

"당신이 추리소설을 읽다니, 신기하군! 어떤 부분이 좋았어?"

아내는 읽은 책의 작가가 어떤 사람인지 궁금해 했다. 나는 그가 쓴 다른 책도 소개하고 평범한 직장인으로 있다가 어떻게 베스트셀러 작가가 되었는지 들려주며 비슷한 장르의 다른 작가에 대해서도 알려주었다.

'아내와 추리소설에 대해 이야기를 하다니!'

신선하고 재미있었다. 그날, 우리 부부에게 새로운 대화의 문이 열렸다. 서로 좋아하는 책을 읽고 책 이야기를 계속 하기로 했다. 나도 아내가 좋아하는 여성 작가들의 소설을 읽었다. 내가 한 번도 읽지 않은 책이어서 느낌이 새로웠다. 문장이 길고, 스토리도 천천히 진행되며, 분위기가 잔잔했다.

책 여백에 쓴 아내의 메모를 읽고 밑줄 그어진 구절에서 그녀의 생각을 보는 것도 흥미로웠다. 한 권이 끝날 때마다 아내와 읽은 책에 대해 대화했다. 그렇게 내 정서적 갈증이 해소되었다. 책 이야기를 하고 싶어서 다른 사람을 찾을 필요가 없었다.

우리는 책에서 시작한 부부 대화를 영화로 확대했다. 서로 좋아하는 영화를 교대로 보았다. 내가 보는 영화들은 돌비 서라운드에 베이스 음향이 크고 추격 장면이 많아서 차가 많이 부서진다. 아내는 그런 영화에 별로 흥미가 없었다. 그래도 끝까지 함께 앉아 있어주었다. 그녀가 선호하는 영화를 같이 볼 때는 가끔 졸리기도 하지만 나도 끝까지 곁에 있어 주었다. 책과 영화 이야기는 우리 부부의 삶에 윤활유가 되었다.

대화의 소재 넓히기

자녀양육을 비롯해 재정과 일에 대한 대화도 반드시 필요하지만 배우자의 관심사와 취미에 대한 이야기는 삶에 향기를 준다. 삶을 함께 즐기는 부부로 이끈다. 서로의 관심사를 공유하면서 더 친밀한 부부가 된다. 혹 요즘 부부간의 대화가 즐겁지 않다면 사랑이 식었다기보다는 대화의 소재가 떨어진 건 아닌지 살펴보라.

아이들이 어느 정도 자랐을 때, 아내는 꽃을 키웠다. 나는 변함없이 축구를 좋아했다. 내가 축구 경기를 보고 있는데, 아내가 내 옆에 앉았다. 축구를 좋아하지도 않고 규칙도 잘 모르지만 내 관심사에 관심을 보였다. 아내는 국내 팀이 아닌 해외 축구 리그에는 더더욱 지식이 없었다. 일단 골인이 되면 아내는 좋아했다. 내가 응원하는 팀 골대로 골이 들어갔는데 환호성을 지르기도 했다.

그리고 내게 미안했는지 내 책꽂이에 있던 《축구 아는 만큼 보인다》를 읽기 시작했다. 나는 내 관심사에 관심을 갖는 아내의 모습이 좋았다. 그녀는 책을 읽으면서 자주 내게 질문했고, 나는 아는 만큼 설명을 해줬다. 그럴 때에 내 안에 엔도르핀이 솟았다.

하루는 베란다에서 아내가 분갈이를 하고 있었다.

"분갈이는 꼭 해야 하나? 당신이 고생이 많네."

"고생이라니, 얼마나 즐거운데! 분갈이를 왜 하는지 알려줄까?"

아내가 얼마나 열의를 다해 말하는지, 나는 '분갈이'라는 말의 어감까지 좋아하게 되었다.

부부 대화의 기술 1

상대에게 관심을 갖고 먼저 질문하면 즐거운 대화가 이어진다.

만약 음향기기에 관심이 많은 남편이라면 그것을 좋아하게 된 계기를 물어보면 된다. 유난히 특정 작가의 책을 고집하는 아내에게도 마찬가지다. 상대가 관심 갖는 분야에 대해 질문하면 부부 대화는 차고 넘친다. 질문은 관심이고 관심은 사랑이다. 그러므로 부부 대화는 곧 사랑이다.

지혜로운 대화의 기술

서로 사랑하는 부부라도 말이 통하지 않고 짜증이 날 때가 있다. 사랑이 식은 것이 아니다. 감정에 영향을 주는 사소한 이유를 찾으면 된다. 나는 잠이 부족하면 어떤 이야기를 하든지 짜증이 난다. 아내는 배가 고프면 대화에 집중을 못한다. 그때는 잠을 자거나, 밥을 먹고 나서 이야기를 시작하면 된다. 조금 기다렸다가 이야기해도 괜찮다.

부부 대화의 기술 2

입에서 나오는 대로 말하지 않고 한 번 더 생각하면 부부 대화가 한 단계 성장한다.

기분이 안 좋으면 장소를 옮겨 얘기하는 것도 좋은 방법이다. 집에서 이야기가 잘 안 되면 가까운 카페로 가보라. 새로운 분위기 속에서 좋게 대화할 수 있다. 모든 대화는 그 내용에 맞는 장소와 적당한 시간이 있기 때문이다. 이것을 기억하면 대화하다가 싸우는 것을 피할 수 있다.

우리 부부는 운전 중에 심하게 말다툼을 한 적이 있다. 그런데 그 싸움 덕분에 새로운 대화법을 배웠다. 그것을 나는 '장소와 시간을 구분하는 지혜로운 대화법'이라고 이름 지었다(《하나님 부부로 살아가기》, 97-101쪽).

지난 시절, 내 인간관계가 복잡해지고 여러 가지로 쉽지 않은 시기가 있었다. 더구나 새로운 진로도 결정해야 했다. 미래에 큰 영향을 주는 결정이어서 아내와 충분하게 의논하고 싶었다. 어렵게 시간을 만들어서 진지하게 이야기를 꺼냈다. 그런데 내 이야기를 듣고 있던 아내가 시계를 쳐다보더니 아이들이 올 시간이라며 갑자기 주방의 가스레인지 앞으로 갔다.

　　밥을 먹고 다시 대화를 하는 중에 아내는 또 벌떡 일어나 세탁실을 향했다. 당장 결정해야 하는 중요한 주제인데, 아내가 중요하게 여기지 않는 것 같았다. 집안일을 해야 하는 것은 이해되지만, 가장으로서의 내 고민을 들어주고 함께 결정해주길 바랐다.

　　나는 다시 대화가 가능한 적당한 기회를 찾아야 했다. 가스레인지도, 세탁기도 없는 곳! 대화 중에 아내가 다른 곳으로 갈 수 없는 곳, 바로 자동차 안이었다.

　　나는 차분하게 운전하면서 이야기를 꺼냈다. 그런데 아내가 또 귀 기울여 듣지 않는 것 같았다. 대화는 바로 말다툼으로 바뀌었다. 아내의 안색이 어두워지더니 다음에 집에서 이야기하면 안 되겠냐고 했다. 마음이 상한 나는 큰 소리로 말했다.

　　"집에는 가스레인지가 있잖아!"

　　아내는 다음에 말하자고 했지만 나는 계속 소리를 질렀다.

　　"당신은 이 일이 얼마나 중요한 일인지 모르나? 왜 자꾸 내 말을 무시하지?"

그러자 아내가 갑자기 숨이 쉬어지지 않는다고 호소했다. 나는 갓길에 차를 세웠다. 그리고 그녀가 호흡을 가다듬는 동안 기다렸다. 지나가는 차의 운전자들이 나를 쳐다보는 것 같아서 부끄러웠다. 아내와 차분하게 싸움의 원인을 찾았다.

아내는 내 목소리가 너무 커서 귀가 아팠다고 했다. 또 운전 중에 조수석에 있는 자기를 자꾸 쳐다봐서 불안했고 멀미가 나서 숨이 막혔다고 말했다. 아내의 말을 듣다가 중요한 사실을 깨달았다. 그동안 몇 번 있었던 말다툼의 장소는 대부분은 운전 중일 때였다. 나는 용기를 내어 아내에게 물었다.

"지난번에 우리가 말다툼을 할 때와 비슷하네. 그때도 귀가 아프고 불안하고 멀미가 났었어?"

아내는 힘없이 고개를 끄덕였다. 그때부터 우리는 운전 중에는 심각한 이야기를 하지 않기로 했다. 대신에 은혜롭고 기분 좋은 이야기를 나눈다. 성경을 읽고 묵상한 내용이나 기도 응답, 아이들을 키우면서 기억나는 좋은 이야기, 우리가 공유한 행복한 추억을 나눈다. 그리고 힘든 일, 마음 상한 일, 심각하게 고민하고 결정해야 할 일은 산책을 하거나 부부회의 시간에 한다.

부부 대화의 기술 3

장소와 시간에 맞게 대화 주제를 구분하여 말하라.

때와 장소에 맞게 대화를 조절하니 정말 효과적이고 즐거운 부부 대화가 이어졌다. 산책할 때와 운전 중일 때, 거실과 침실의 대화 내용도 구분했다. 교회와 집에서의 대화 주제도 다르게 한다. 강의 전과 후에는 그 상황에 맞게 대화한다. 컨디션이 좋을 때와 피곤할 때의 대화도 다르다. 피곤하면 쉬어야 한다. 침묵도 대화의 한 방법이다. 조금만 기다리면 몸이 회복된다.

남편이 밖에서 일하고 지쳐서 들어왔는데 퇴근하자마자 육아 이야기를 꺼내면 피곤이 더 몰려온다. 그는 중요한 대화를 기피하는 것이 아니고 단지 피곤한 것이다. 대화할 체력이 없고 의지력이 떨어졌을 때는 휴식이 필요하다. 사랑이 식지 않았다. 다만 피곤할 뿐이다. 조금 쉬고 적절한 환경에서 대화를 시작하면 된다.

직장인들은 출근 직전과 퇴근 직후의 대화를 구분해야 한다. 주중의 바쁜 시간과 주말의 여유로운 시간에 맞게 대화 내용을 구분해야 한다. 직장 일을 잠시 내려놓고 쉬고 싶은 배우자에게 회사 일을 다시 떠오르게 할 필요가 없다. 서로 관심사를 공유하는 것도 중요하지만, 주말은 편하게 쉴 수 있도록 그에 맞는 대화를 하면 된다.

또 술 취한 배우자에게는 아무리 말을 해도 소용이 없다. 차라리 숙취 중에 꿀물 한 잔을 주면서 이야기하는 것이 더 효과적이다. 어린 자녀를 훈육할 때도 같은 원리를 활용하라. 아이들이 식당에서 떠들 때, 그 자리에서 아무리 이야기해도 소용없다. 식당으로 출발하기 전에 집에서 미리 교육하고 돌아온 다음에 차분하게 돌아보면서 대화하는 것이 좋다.

중요한 결정을 위한 부부회의

시간과 장소에 맞게 대화 내용을 구분하자 부부 대화의 신세계를 경험할 수 있었다. 그러나 지혜로운 대화법을 배우면서 한 가지 과제가 남았다.

운전 중에 싸우지 않으려고 미루었던 일을 결정해야 했다. 산책 중에는 결정을 위한 대화가 잘 되지 않았다. 아내는 지나가다가 꽃을 보면 멈추고 날아가는 나비 한 마리에도 반응한다. 나 또한 산책할 때는 편안하고 가벼운 이야기를 하고 싶다.

그러나 살다 보면 부부가 함께 결정해야 할 일이 얼마나 많은가! 우리는 부부 대화의 새로운 방법으로 부부회의를 시작했다. 사역 간사들과 회의하듯 우리는 공식적인 분위기에서 결정을 위한 내용을 의논했다.

안건이 많지 않을 때는 2주에 한 번 정도 한다. 가정의 재정 상황, 아이들의 진로, 시가와 처가의 행사 관련, 경조사와 명절 계획 등을 다룬다. 큰아들의 결혼식을 앞두고 의논할 일이 많을 때는 1주일에 두 번씩 했다.

처음에 부부회의를 시작할 때, 서로에게 한 가지를 부탁했다. 나는 아내에게는 회의 내용을 미리 생각해 오라고 했고, 그녀는 내게 부드러운 목소리로 말해달라고 했다.

부부회의를 하면서 잔소리가 없어지고 차 안에서 싸우지 않게 되었다. 거실과 침실 그리고 산책 중에 하는 대화도 더 즐겁고 편안해졌다. 긴장감 없이 평안하게 책과 영화, 꽃과 운동 이야기를 할 수 있어 좋았다.

[적용 1]

배우자의 성장 배경을 아는 것은 부부 대화의 기본이다. 결혼 연차와 관계없이 지금이라도 시작하라. 아직 늦지 않았다. 친밀한 부부로 살기 위해서는 서로의 성장 배경을 알아야 한다. 이처럼 각자의 부모님에 대한 좋은 기억을 나누는 것은 양가 부모님과 좋은 관계를 가질 수 있는 선한 출발점이 된다.

결혼 이후의 일은 자연스럽게 알게 되지만 이전의 삶은 말해줘야 알 수 있다. 배우자가 살아온 과거 이야기를 들으며 이해의 폭을 넓히고 현재 무엇을 원하는지 관심을 가지면 서로의 정서가 충만해져 외로움이 사라진다.

TO DO 1 유년 시절의 가장 따뜻했던 기억이 무엇인지 배우자에게 물어보라.

TO DO 2 부모님의 좋은 일을 기억하고 나누자.

TO DO 3 배우자의 관심사를 공유할 방법을 적어보라.

_____

_____

_____

[적용 2]

가족이 함께 식사할 때는 밥을 맛있게 먹는다. 음식을 준비한 아내와 엄마에게 감사를 말한다. 마음이 따뜻해지는 이야기를 나누고 잔소리와 훈계는 하지 않는다. 서로 바라보고 웃으며 대화하고 휴대폰은 사용하지 않는다.

TO DO 1 지혜로운 대화를 위해 상황에 맞게 선을 연결해보라.

침실 ●   ● 가족을 칭찬하는 말

자동차 ●   ● 부부의 성생활에 대한 대화

산책 ●   ● 묵상 나누기 및 은혜와 감사 나누기

출근 전 ●   ● 서로의 관심사와 필요에 귀 기울이기

퇴근 후 ●   ● 감사의 말 전하기

휴일 ●   ● 축복의 말 하기

TO DO 2 장소와 상황에 따라 하지 말아야 할 대화를 정하라.

● 침실: _____

● 차 안: _____

● 자녀들과 함께 있을 때: _____

● 피곤할 때: _____

● 배고플 때: _____

● 쇼핑할 때:

● 가족 여행할 때:

TO DO 3 부부회의 시간을 정해보라.

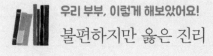

우리 부부, 이렇게 해보았어요!

불편하지만 옳은 진리

나름대로 열심히 내조하고 최선을 다해 남편에게 협력했지만 부부관계가 늘 평안하지는 않았다. 때로는 서로 포기하기도 하고 서로를 향해 담을 쌓기도 했다. 어떤 부분에서는 인정하고 용납했지만 그것도 순조롭지만은 않았다.

그러다 두 분이 쓴 책을 보고 강의를 들으면서 내 안에 어려운 부분이 있음을 알았다. 바로 가정 안에서 남편의 권위에 대한 것이었다. 그동안 어떤 일의 선택이나 접근 방법, 또는 그 과정과 결론에 이르기까지 모든 부분에서 남편보다 내가 더 낫다고 생각하면서 살았다.

부부관계에서는 누가 더 낫고 훌륭한가의 문제가 그렇게 중요하지 않다는 내용을 나는 받아들이고 싶지 않았다. 그래서 '주님, 맞아요! 그런데 왜 제게만 말씀하세요? 남편에게도 좀 말씀해주세요!'라고 토로했다.

그런데 돕는 배필의 자세를 들으면서 내가 남편을 위하는 일이라고 생각한 것이 사실 나와 하나님의 일대일 관계를 보여주는 축소판임을 깨달았다. 처음에는 자기 의와 교만으로 가득한 내 마음을 내려놓고 남편의 권위 아래 들어가는 것이 쉽지 않았다. 나는 이 부분을 피할 것인지 아니면 다시 싸울 것인지 갈등을 많이 했다. 결국 이미 내게 승리를 주신 예수님의 십자가를 생각하며 싸우기로 했다.

그 실천으로 남편에게 존댓말을 하기 시작했다. 그랬더니 아이들이 부모인 우리에게 자발적으로 존대를 했다. 우리 부부보다 앞선 선배 부부의 삶과 가르침을 통해 말씀이 실제가 되는 삶을 살게 하심에 감사하다.

내 마음대로 생각하거나 말하지 않고, 주님께 기도하며 한 번 더 생각한 후에 행동하자 대화의 질이 높아짐을 체험했다. 앞으로 갈등이 위기로 넘어가기 전에 더 대화를 많이 해서 조율하며, 장소와 시간에 맞게 말하는 훈련을 통해 사랑을 키워갈 것이다. **정하원**(결혼 11년차)

2부

사랑을
훈련하자

사랑으로 치유되는 아내

healing

가만히 있어도 스트레스 지수가 팍팍 오르는 무더운 어느 여름 날,
식사 중인 부부와 아이들 사이의 공기가 심상치 않다.

눈치 없는 홍 집사

> 아니, 당신은 이걸 그렇게밖에 못 해?

마음 상한 박 집사

> 그게 내가 꼭 그러려고 그런 것도
> 아닌데⋯. 내가 참자, 참어!

급히 식사를 마친 아이들이 슬그머니 일어나 밖으로 나간다.

마음 상한 박 집사

> 그게 무슨 큰일이라고 아이들 있는 데서
> 꼭 그렇게 말해야 해?

대책 없는 홍 집사

> 한두 번 있는 일도 아니잖아!

화가 나서 방으로 들어가 누워버린 아내.

억울한 박 집사

> 아… 주님, 이번 일은 정말 억울해요.
> 그런데 이 방은 왜 이리 더운 거야!

남편이 한참 후에 방으로 들어왔다가 누워 있는 아내를 보고 슬쩍 문을 열어둔 채 나간다.

마음 풀린 박 집사

> 아이고, 시원해서 살 것 같다.
> 그래도 남편밖에 없네.

티도 주름도 흠도 없이

아내는 사랑이 필요하다. 이유는 티와 주름 때문이다. 아내에게는 흠이 있다. 이것을 없애는 약은 바로 남편의 사랑이다. 사랑받는 아내는 티나 주름 잡힌 것이 없어진다. 거룩하고 흠이 없게 된다. 그래서 성경은 강조한다. 예수님이 교회를 사랑하듯 남편은 아내를 사랑하라고.

남편들아 아내 사랑하기를 그리스도께서 교회를 사랑하시고 그 교회를 위하여 자신을 주심같이 하라 이는 곧 물로 씻어 말씀으로 깨끗하게 하사 거룩하게 하시고 자기 앞에 영광스러운 교회로 세우사 티나 주름 잡힌 것이나 이런 것들이 없이 거룩하고 흠이 없게 하려 하심이라 엡 5:25-27

티(stain)는 얼룩 또는 오염된 자국이다. 손상된 명성과 미세한 결함을 말한다. 티는 빼고 지워서 깨끗하게 고침 받을 수 있다. 주름(wrinkle)은 구겨진 옷감처럼 구김이 난 것을 말한다. 세상의 이론으로 인해 생긴 왜곡된 자아상도 주름이다. 주름은 펴면 된다. 이미 깊어진 주름일지라도 얼마든지 펼 수 있다.

홈(blemish)은 티나 주름으로 인해 생긴 상처다. 다치고 긁혀서 생기기도 한다. 홈은 치유와 치료가 필요하다. 또한 치유와 치료가 가능하다.

예수님은 우리를 사랑하기 위해 이 땅에 오셨다. 홈과 티가 많고 주름 잡힌 것 투성이인 우리를 죽기까지 사랑하러 오셨다. 그분의 사랑으로 우리는 홈이 없는 거룩한 신부가 되었다.

남자가 한 여자에게 온 이유도 마찬가지다. 자기 아내로 맞이해서 끝까지 사랑하려고 결혼한다. 한 여자를 그토록 사랑하려고 결혼한 남자들은 훌륭하다.

사실 결혼하지 않고 혼자 살면 편하다. 책임져야 하는 짐도 없고, 여자의 복잡한 심리를 신경 쓰지 않아도 되며, 관계에서 부딪치는 것도 없고, 조금만 익숙해지면 마음 편하게 살 수 있다. 그런데도 한 여자를 사랑해서 결혼한다. 그 여자를 아내로 맞아 끝까지 사랑하려고 노력하는 모든 남자들은 훌륭하다. 예수님을 닮았다.

그런데 막상 결혼하고 아내에게서 홈이 보일 때는 당황한다. 아내의 주름과 티는 어디서 온 것일까? 우선 남편 잘못은 아니다. 그를 만나기 전에 생긴 것이 대부분이기 때문이다. 지나온 삶에서 받은 상처나 아픔과 세상의 온갖 이론으로 형성된 왜곡된 가치관이 있을 수 있다. 때가 묻고 홈집이 난 삶의 흔적을 그대로 갖고 남편에게 왔다. 그런 그녀를 남편은 사랑해야 한다. 그의 사랑은 이것들을 치유하고 치료하는 약이다.

그녀의 불안

나는 길 찾기가 힘들다. 한 번 간 길을 못 찾을 뿐 아니라 열 번 다닌 길도 늘 새롭다. 결혼하기 전, 우리는 오랜만에 서울에서 만났다. 남편은 결혼 전까지 서해안의 작은 섬에서 복음을 전하면서 교회를 개척하고 있었고, 나는 서울에서 취업을 준비하면서 힘든 시간을 보냈다.

둘이서 한강을 걸었다. 가족 이야기를 하다가, 내 동생 얘기도 했다. 형부 될 사람을 몹시 궁금해 한다고 말했더니 그가 동생을 보러 가자고 했다. 익숙한 도시에서도 길을 잘 찾지 못하는 내게 서울의 길은 더 낯설었다.

여러 번 버스를 갈아타고 동생이 일하는 동네 근처까지 갔다. 그런데 정확한 장소를 찾지 못해서 오랜 시간 헤맸다. 몇 번 와 본 적이 있다고 했던 내 말이 무색했다. 부끄럽고 민망해서 손에서 땀이 났다. 그는 그날 스스로 이렇게 다짐했다고 한다.

'길을 잘 찾지 못하는구나. 이 자매와 꼭 결혼해서 내가 길을 찾아줘야지.'

나는 지금도 여전히 길치다. 그런데 조금도 부끄럽거나 민망하지 않다. 길을 찾아주는 남편이 있으니까. 결혼 전에 했던 스스로의 다짐을 지금껏 잘 지키는 그가 곁에 있어서 불안하지 않다.

반짝반짝 빛나는 아내

이른 봄에 만난 우리는 가을에 결혼했다. 하얀 면사포 위에 쏟아지는 가을 햇살이 눈부시게 아름다웠다. 결혼하면 날마다 행복하게 살 줄 알았다. 그러나 예상하지 못한 내 모습이 드러나자 잠을 못 이룰 정도로 고민이 됐다.

남편은 결혼하기 전부터 선교단체의 간사로 대학생 사역을 하고 있었다. 나도 결혼하고 캠퍼스 사역을 함께했다. 남편이 설교하는 모임에는 여학생들이 많았다. 사실 나도 결혼 전에 참석하던 모임이어서 모두 내 후배들이었다. 함께 사역하는 자매 간사들도 나와 친했다. 그들은 모두 남편을 존경하고 따랐다.

심지어 "홍장빈 간사님 같은 남자와 결혼하고 싶다"라고 말하는 자매들도 있었다. 그런 말은 남편이 존경받는 리더임을 증명해주는 기분 좋은 말이었다. 그런데 남편이 설교하면서 누군가를 쳐다보면 내 마음이 불편했다.

'어, 이상하다. 난 마음이 넓은 사람인데 내가 왜 이러지?'

내 자신이 실망스러웠다. 성경을 읽고 기도하면서 마음을 다스리려 해도 진정이 되지 않았다. 누구에게 말할 수도 없었다. 내 속에서 천사와 악마가 싸우는 것 같았다.

너무 힘들어서 남편과 이야기하고 싶었지만 어떻게 말을 꺼내야 할지 몰라서 주저했다. 그러다가 부끄러움을 무릅쓰고 그에게 말했다. 앞뒤가 맞지 않은 내 말을 끝까지 듣더니 남편이 분명하게 말했다.

"그럴 수 있어, 괜찮아. 하나님도 질투하신다는 성경구절도 있잖아! 그런데 당신이 왜 그런지 말해줄까?"

"….."

"나를 사랑하기 때문이야. 그리고 걱정하지 마. 나는 당신만을 사랑해."

전혀 예상하지 못했던 남편의 말이 나를 살렸다. 순식간에 불안이 사라졌다. 내 마음을 지치게 하던 주름이 모두 펴졌다. 그 뒤로 지금까지 편안하고 즐겁게 남편과 사역하고 있다.

만약 그때 남편이 이렇게 말했다면 어땠을까?

"당신, 그 정도밖에 안 되나? 왜 나를 못 믿어?"

"당신이 리더의 아내인데, 다른 자매들에게 더 잘해야지."

"당신은 너무 집안일에만 관심 있는 것 같아. 사역에 더 신경을 써야지."

"요즘 기도는 하고 있나? 왜 자꾸 시험에 드는 거야?"

아마 이런 말을 들었다면 나는 계속 불안했을 것이다. 내 마음의 주름이 더 깊어졌을 것이다.

남편들이 꼭 알아야 하는 사실이 있다. 아내의 불안은 남편들만이 잠재워줄 수 있다. 만약 이런 불안이 해결되지 않고 계속 진행되면 나중에는 마음의 병이 된다. 아내가 불안해 하는 것은 남편의 사랑을 확인하고 싶어서다. 사랑이 필요하기 때문이다. 그 사랑으로 주름이 지워지고 치료가 되며, 반짝반짝 빛나는 온전한 아내가 된다. 그녀는 사랑이 필요한 사람이다.

아내들은 육아와 가사에 전념하다 보면 화장도 못하고 늘어진 티셔츠와 무릎 나온 바지를 입고 살게 된다. 이때 화려하게 꾸민 사람들이 옆을 스치고 지나가면 순간 우울해진다. 더구나 직장의 여자 동료들과 함께 찍은 남편의 사진을 보게 되면 더욱 만감이 교차한다. 그럴 때 남편이 분명하고 따뜻하게 사랑을 확인해주면 아내는 곧바로 살아난다.

그런데 남편이 생각 없이 함부로 말하면 스쳐 지나가는 감정이 진짜 불안으로 바뀔 수 있다. 남편은 아내의 감정 상태에 대한 지식이 있어야 한다. 그의 배려하는 말 한 마디는 사랑이며, 아내 마음의 얼룩을 지워버리는 가장 좋은 치료제다.

남편들아 이와 같이 지식을 따라 너희 아내와 동거하고 그를 더 연약한 그릇이요 또 생명의 은혜를 함께 이어받을 자로 알아 귀히 여기라 이는 너희 기도가 막히지 아니하게 하려 함이라 벧전 3:7

남편은 아내를 더 연약한 그릇으로 알아야 한다. 이는 일반적으로 여자를 낮춰 생각하라는 말이 아니므로, 여자들이 기분 나빠하지 않아도 된다. 부부의 관계 안에서 이해해야 한다.

아내가 연약한 그릇이라는 말은 남편이 강하다는 뜻이 아니다. 그도 약한 부분이 있다. 그러나 아내는 남편보다 더 연약하기 때문에 특별히 소중하게 여겨야 한다는 뜻이다. 세상은 여자가 강한 사람이 되어야 한다고 강조한다. 물론 엄마는 강하다. 그러나 아내는 남편의 큰소리 한 번으로 마음이 상하는 연약한 사람이다.

다이아몬드로 만든 꽃병

남편은 결혼을 준비하면서 하나님께 기도했다. 아내를 사랑하기 위해서 여자를 창조하신 하나님께 물었다.

'여자는 어떤 사람인가요?'

그때 두 가지 그림으로 하나님의 응답을 들었다.

'여자는 다이아몬드로 만든 꽃병이다. 그런데 잘못 대하면 쉽게

깨진다.'

처음에 남편은 이것이 무슨 말인지 이해할 수 없었다고 한다.

'다이아몬드로 만들었으면 아주 강하고 튼튼해야 하는데, 쉽게 깨진다니….'

다만 '다이아몬드로 만든 아름다운 꽃병'이라는 말이 좋았다. 남편은 나와 살면서 그 꽃병이 깨지는 소리를 여러 번 들었다. 그가 내게 화를 내거나 무리한 일을 요구할 때 나는 또 깨졌다. 나는 그의 말 한 마디와 표정 하나로 금이 가는 연약한 그릇이었다.

그런 나를 통해 남편은 비로소 깨달았다고 했다. 다이아몬드로 만들었지만 깨질 수 있다는 것을. 그런 사람이 아내다. 아내에 대한 놀라운 지식을 가르쳐주신 하나님이 정말 감사하다고 그가 말했다.

남편은 아내에 관한 지식이 있어야 한다. 아내가 더 연약한 사람이다. 남편들도 사회생활에서 스트레스를 받아 지치고 힘든 일이 많다. 그러나 아내가 더 힘들다는 사실을 기억하면서 부드럽고 소중하게 대해야 한다. 그래야만 생명의 은혜가 가족에게 이어지고, 남편의 기도가 막히지 않는다. 이는 아내를 사랑하는 남편의 기도에 하나님께서 응답하신다는 뜻이다.

사실 나는 청년 시절에 선교단체에서 훈련받고 강한 군사로 살았다. 그 전에는 대학에서 민주화 운동을 했다. 그것을 남편도 알

고 있었다. 그래서 강한 자매라고 생각했다고 한다. 그러나 하나님
이 남편에게 직접 가르쳐주셨다.

'네 아내는 강하고 아름답지만 네 말 한 마디에 쉽게 깨어진다.'

미혼 시절에 어떤 일을 했든지, 또는 지금 무슨 일을 하든지 상관
없이 모든 아내는 남편의 사랑이 필요하다. 그의 배려가 필요한 연
약한 그릇이다. 아내들이 깨지지 않도록 소중히 여기라. 남편의 사
랑이 아내를 지킨다. 항상 아름답게 빛나는 다이아몬드 꽃병으로
살도록 아내를 사랑하자.

격려가 필요한 아내

아내는 주부다. 주부는 일이 많다. 아무리 해도 표시도 안 나는
집안일이 끝이 없다. 대충 할 수도, 외면할 수도 없는 일이 꼬리에
꼬리를 물고 나타난다.

요즘은 경제적인 어려움으로 직장 일을 겸하는 아내들이 많다.
그러나 가정주부의 역할은 결코 줄어들지 않는다. 가정을 지키기
위해 어려운 일을 해내며 묵묵히 견디는 것은 아내들이 강하기 때문
이 아니다. 그렇게 살아야 하기 때문에 힘을 내고 있을 뿐이다.

주부도 휴식과 도움이 필요하다. 이런 주부를 도울 사람은 남편
과 자녀들이다. 남편이 고충을 알아주기만 해도 아내는 힘이 난다.

남편이나 자녀들이 집안일을 한두 가지만 도와줘도 쉼을 얻는다.

아내는 언제 힘이 빠지는가? 그녀가 힘들게 일하는 것을 남편이 당연하게 여기면 더 이상 견디지 못하고 무너진다. 특히 자녀나 시댁 가족이 함께 있을 때, 아내에게 큰 소리로 함부로 말하면서 면박을 주면 꽃병이 깨어진다. 아무리 평소에 잘해줘도 그 한 번의 부주의로 아내는 금이 간다.

그러나 아내를 더 연약한 그릇으로 알고 소중하게 대하면 아내들은 없던 힘도 만들어 낸다. 아내가 유난히 신경 쓰고 의식하는 사람들 앞에서는 특히 더 조심하라.

또한 모든 엄마들은 아이들에게 존경을 받아야 한다. 권위가 있어야 한다. 그러나 엄마가 스스로 만들 수 없고, 남편이 세워줘야 한다. 특히 식사 시간에 엄마가 존중받도록 남편이 아이들의 태도에 관심을 가져야 한다. 아이들이 엄마에게 함부로 대하면 남편은 이를 반드시 훈육해야 한다.

엄마가 아이들을 돌보는 일이 많은데, 훈육까지 미루면 안 된다. 아내를 소중히 여기는 남편의 태도를 아이들에게 보여주면 그 자체가 훌륭한 가정교육이 된다.

[적용 1]

남편의 눈에 아내의 흠이 보이는 것은 당연하다. 어느 아내에게나 흠이 있다. 아내 자신도 인정하고, 남편도 이를 받아들여야 한다. 사람들이 왜 예수님을 믿는가? 스스로 깨끗해져서 예수님을 도우려고 그분께 온 것이 아니다. 세상에서 해결할 수 없는 온갖 문제를 안고 구원받으러 온 것이다. 아내도 마찬가지다. 처음부터 성숙하여 흠이 없는 사람으로 실력을 갖춰 남편을 도와주려고 아내가 된 게 아니다. 남편의 사랑이 필요해서 결혼했다.

아내의 연약한 모습이 드러날 때 이렇게 소망하라.

'내 사랑이 아내의 흠을 지우고, 주름을 펴고, 치유하리라. 내 사랑으로 아내를 웃게 하리라. 그녀를 빛나게 하리라. 내 사랑이 아내를 온전하게 하며 회복시키리라. 그녀를 행복하게 하리라.'

이것이 예수님 닮은 남편이다.

TO DO 1 아내가 사랑이 필요한 사람이라고 느낄 때는 언제인가?

♥ _____

♥ _____

♥ _____

♥ _____

♥ _____

[적용 2]

명절 풍경 1   명절에 시댁에 가면 남편이 달라진다. 허리도 못 펴고 일하는 아내를 본체만체한다. 밥도 제대로 못 먹다가 겨우 한 수저 뜨려는데 과일을 내오라고 한다. 다른 사람도 많은데 꼭 아내에게 명령하듯 말한다. 밥 먹다 말고 일어나는데 시댁 식구의 웃음소리가 뒤에서 들린다. 그중에서 유독 크게 들리는 남편의 웃음소리가 귀에 거슬린다.

명절 풍경 2   큰며느리인 아내는 명절이 되면 바쁘다. 몸이 아픈 시어머니를 대신하여 온갖 일을 다 한다. 그런데 명절이 싫지는 않다. 남편 사랑을 다시 한 번 확인하는 시간이기 때문이다. 지난해에는 시댁 식구 몰래 남편이 어깨를 주물러주며 수고한다고 속삭이더니 이번에는 설거지를 자기가 하겠다고 나섰다. 그리고 "부부는 서로 도와야 한다"라고 시댁 식구에게 큰 소리로 말한다. 결혼 후 처음으로 시부모님 앞에서 부부가 설거지를 같이 한다. 시어른들께 한소리 들을까 봐 걱정했는데, 둘이 보기 좋다며 모두 좋아한다.

TO DO 1   남편의 사랑 실천에 감격했던 일을 적어보라!

_____

_____

_____

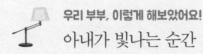

우리 부부, 이렇게 해보았어요!
아내가 빛나는 순간

남편은 기타 연주하는 걸 좋아한다. 하지만 때때로 나는 개미처럼 일하고 있는데 한가롭게 기타만 퉁기는 그의 모습이 보기 싫을 때가 있다. 그럴 때면 짜증이 나서 남편을 무시하여 그의 마음을 힘들게 했다. 그러던 어느 날, CBS TV의 〈아카데미 숲 – 부부 이야기〉를 보고 있는데 "남편을 인정하고 칭찬할 때 아내가 빛난다"라는 말이 마음에 와 닿았다. 그래서 남편이 기타를 치고 있을 때 칭찬하며 다른 곡도 연주해달라고 부탁했더니 엄청 좋아했다. 그 모습을 보니 나도 행복했다. 강의에서 들은 대로 남편의 취미생활을 인정하고, 그를 존중하면 내가 행복하다는 걸 깨달았다.

그리고 '부부를 위한 기도' 강의를 들으면서 아이들과 양가 부모님을 위해서는 정기적으로 기도하지만 남편을 위한 기도는 적었음을 알게되었다. 그래서 매일 그를 위한 기도 시간을 정하여 기도하고 있다.

갑자기 '남편에게는 내가 어떤 아내일까?' 궁금해졌다. 돌아보면 내게있어 그는 참 좋은 남편이다. 이 말을 그에게 꼭 해줘야겠다. 그리고그의 손을 잡고 부부 기도를 해야겠다. **박송희**(결혼 11년차)

5강

부부 대화의 더하기와 빼기

talking

강의하러 가기 전 차 안에서 대화를 나누는 부부.

 오글오글 홍 간사

이 교회 성도들은 오늘 강의에
집중이 될까? 강사가 이렇게 예쁜데!

반짝반짝 박 간사

홍홍홍, 고마워용!

복잡한 쇼핑센터 안에서 대화를 나누는 부부.

반가운 박 간사

어머! 여보, 어떻게 나를 찾았어요?

 오글오글 홍 간사

당신은 찾기 쉬워, 예쁘니까!

아파트 현관 앞에서 대화를 나누는 부부.

 오글오글 홍 간사

그냥 지나갈 수가 없네.
예쁜 여자가 내 앞에 서 있으니!

닭살 아내 박 간사

나도 안 탈 수가 없네.
이리 멋진 남자가 기다리니!

마법의 언어

나주에 사는 지인이 지역 특산물인 배를 선물로 보내줬다. 크기도 맛도 기가 막혔다. 나는 지인에게 감사의 인사를 전하며, 어떻게 그런 배를 재배하는지 물어보았다. 그 비법은 간단했다.

"더하기와 빼기를 잘하면 돼요."

흙 관리를 위해 영양분을 더하고 그것이 분산되지 않도록 빼기를 잘하면 좋은 열매를 얻을 수 있다고 설명했다.

과수원에서 좋은 땅을 만들려면 일년에 세 번 정도는 반드시 흙에 영양분을 더해준다고 한다. 수확하고 난 후 가을 거름을, 겨울에는 밑거름을, 봄에는 웃거름을 준다. 좋은 흙은 물 빠짐이 잘되어 습해를 방지하고 미생물이 풍부한 흙은 땅의 성질을 좋게 한다. 거름을 더한 좋은 흙이 달고 맛있는 배를 만든다.

빼기도 중요하다. 봄에 꽃이 피면 꽃봉오리를 따고 작은 열매가 열리면 열매솎기를 한다. 결실을 기대하는 열매만 남겨두고 나머지는 모두 솎아준다. 열매솎기가 잘된 나무가 크고 맛있는 배를 만든다. 좋은 위치에 있는 가지에 달린 꽃봉오리만 남겨두고 나머지를 모두 따면 영양분의 분산을 막을 수 있다.

이처럼 부부 대화에도 더하기와 빼기가 중요하다. 아내와 대화할 때 무엇을 더할까를 혼자 고민하다가 아내에게 물어보았다.

"여보, 당신에게 내가 무슨 말을 할 때 기분이 좋은가?"

아내의 대답은 단순하고 분명했다.

"내가 만든 음식을 맛있다고 말할 때, 예쁘다고 말할 때, 아이들을 칭찬할 때!"

맛있다는 말이 그녀의 기분을 좋게 하는 첫 번째 대답임을 예상하지 못했다. 나는 집에서 밥을 먹을 때마다 맛있다고 말한다. 아이들에게도 "엄마의 요리는 항상 맛있다"라는 말을 덧붙이게 한다. 하나님께 아내를 축복해달라는 식사기도도 잊지 않는다. 반찬이 맛있다면서 어떻게 만들었는지 물어보면 아내는 더 좋아한다.

식탁에서의 말 한 마디와 식사기도 내용이 집안 분위기를 좌우한다. 가족이 함께 밥을 먹을 때마다 아내의 마음이 부드러워지면 얼마나 좋겠는가! "당신이 차려준 밥이 맛있다"라는 말은 아내의 기분을 좋게 만드는 마법의 언어이다.

당신, 참 잘했어!

나는 아내에게 예쁘다고 자주 말한다. 이 말이 얼마나 힘이 있는지 결혼생활 내내 확인했다. 결혼 초에 캠퍼스 사역을 함께할 때,

아내는 공식적인 예배에서 설교하지 않으려고 했다. 개인 성경공부는 좋아했지만, 대중 앞에서 설교나 강의하는 것을 매우 부담스러워했다.

한번은 설교하고 힘들었는지 다시는 하지 않겠다고 말했다. 그런데 내가 "설교하는 당신이 참 예쁘더라"라고 했더니 계속했다. 남편이 진심으로 아내를 예쁘게 생각하고 예쁘다고 말해주면 아내는 용기를 낸다.

어느 날, 아내에게 예쁘다고 말하는 것을 깜박 잊었다. 함께 강의하러 가는 길이었는데, 나는 그날 강의할 내용을 생각하면서 운전했다. 둘 다 무엇인가 잊어버린 것 같고 힘이 없었다. 그런데 아무리 생각해도 원인을 알 수 없었다. 교회에 도착하기 직전에 아내가 말했다.

"여보! 오늘 뭔가 이상하네. 내가 힘이 없고 자신도 없네. 피곤해서 그런가?"

그때 갑자기 잊어버린 말이 생각나서 아내에게 말했다.

"그래? 힘이 없어? 그런데 당신, 정말 예쁘다. 꽃무늬 스카프가 참 잘 어울리네."

아내가 차에서 내리며 말했다.

"고마워, 여보!"

그날 밝은 모습으로 자신 있게 강의하는 아내는 정말 예뻤다. 또 아내는 자기가 좋은 엄마인지 내게 자주 확인했다. 세 아이를 양육하면서 육아에 지치고 피곤하면 아내는 흔들렸다. 그때마다 나는 "당신은 좋은 엄마야"라고 말해주었다. 그리고 그 이유를 찾아서 설명했다. 특히 아이들이 사춘기를 지날 때는 더 자주 말해주었다. 그런데 그 무엇보다도 내가 아이들의 좋은 점을 말하면 아내의 표정이 더 밝아졌다.

가정 세미나를 진행하면서 아내에게 예쁘다고 말해야 한다고 강조하면서 부부 대화의 더하기를 설명했다. 강의 중간에 실습 시간이 있었는데 많은 부부들이 좋은 분위기에서 대화를 이어갔다. 그런데 한 부부가 대화 중에 말다툼을 했다.

남편이 "당신, 예뻐! 그래, 예쁘다고!"라고 하자 아내가 화를 냈다고 말했다. 예쁘다는 말을 문장만 가져오지 말라. 평소에 아내를 진심으로 예쁘게 생각하며 살아야 한다.

나는 세미나에 참석한 부부들에게 질문했다.

"어떤 말이 남편의 마음을 부드럽게 만들고, 아내를 더 사랑해야겠다고 다짐하게 만들까요?"

여자들의 대답은 거의 비슷했다.

"멋있다는 말이요."

아내가 "예쁘다"는 말을 좋아하니까, 흔히 남편에게는 "멋있다"

라고 말하면 된다고 생각한다. 그러나 남편들이 그보다 더 듣고 싶어 하는 말이 있다.

"당신, 참 잘했어. 고마워, 여보. 나는 당신을 믿어!"

이 말에 남편은 힘이 난다. 여자들은 자연스럽게 외모를 중요하게 본다. 그래서 "마음이 예쁘다"보다는 "얼굴이 예쁘다"를 더 좋아한다. 그래서인지 남편의 외모를 칭찬하며 부부 대화에서 더하려고 한다. 하지만 대다수의 남자들은 외모보다는 '한 일'에 관심이 많다. 그래서 아내에게 "당신은 영화배우 OOO를 닮았어"라는 말보다 "당신은 재정 관리를 참 잘한다"라는 말을 듣기를 더 원한다.

이처럼 부부 대화의 더하기는 내가 하고 싶은 말을 하는 것이 아니라 상대방이 듣고 싶은 말을 해주는 것이다. 그 말을 들으면 부드럽고 따뜻한 마음이 된다. 좋은 흙에서 좋은 과실이 맺어지는 것처럼 좋은 마음이 되면 그에 맞는 반응이 나온다. 그러나 부부 대화의 더하기는 가정마다, 결혼 연차에 따라 다르다. 배우자가 요즘 무슨 말을 들으면 기분이 좋아지는지 관심을 갖고 질문하자.

부부 대화에서 반드시 빼야 하는 말

더하기가 있으면 빼기도 있다. 꽃봉오리를 따주고 작은 열매를 솎아주듯 부부 대화에서 반드시 빼야 하는 말은 무엇일까? 대화하다가 싸우는 부부가 있다. 좋은 분위기에서 밝은 표정으로 대화를 시작했지만 마지막에 싸움으로 끝난다. 왜 그럴까? 배우자에게 물어보라.

"당신은 무슨 말을 들을 때 기분이 나빠져요?"

예전에는 나도 우리 부부가 어떤 부분에 약한지 잘 몰랐다. 말다툼이 반복될 때 그 원인을 찾으려고 노력했다. 우리는 신혼 초부터 열린 대화를 했다. 서로 사랑하기 때문에 질문했고 그 사랑을 지키고 싶어서 대답을 경청했다. 결국 빼야 할 두 가지를 알게 되었다.

"당신은 항상 그러더라. 당신! 손은 씻었나?"

나는 아내가 내게 '항상'이라는 단어를 사용하면 기분이 나빴다.

"당신은 항상 늦더라. 자기가 늦게 서두르고 항상 핑계를 대더라. 처음에는 미안하다고 말하더니 나중에는 내가 말을 잘못했다고 항상 그러더라."

아내의 말들이 맞았다. 내가 늦게 준비해서 모임에 늦었고, 아내가 곤란해져서 나는 미안했다. 그런데 아내가 '항상' 내가 그런다고 말하면 화가 났다. 그런 내가 나도 싫었지만 원인을 알 수 없었다.

우리 부부는 오랫동안 대화하면서 내가 왜 그렇게 반응하는지 찾았다. 나는 단어에 반응하는 사람이었다. 내게 '항상'의 사전적 정의는 '전부, 즉 100퍼센트'라는 뜻이다. 아내가 항상 늦는다고 말하면 내가 미리 준비해서 늦지 않은 날이 떠올랐다. 자주 있는 것은 아니지만 아주 없는 것도 아니었다. 나는 가끔 일찍 준비했다. 그런데도 아내가 그렇게 말하면 내가 잘했던 순간도 없어지는 느낌이 들었다.

만약에 아내가 "당신, 저번에는 늦지 않더니 오늘은 늦었네"라고 말했다면 나는 화를 내지 않고 미안하다고 했을 것이다.

사실 미안한 마음이 있는데 아내가 '항상'이라고 말하면 미안한 마음이 없어졌다. 그리고 그녀에게 오히려 언성을 높였다.

"내가 항상 늦은 것은 아니잖아? 지난번에는 안 늦었어. 말을 가려서 해! 긍정어로 말할 수는 없어?"

아내가 말했다.

"처음에는 미안하다고 말하더니, 내가 또 말을 잘못했다고 말하네. 당신은 항상 그러더라."

그다음부터는 정상적인 대화가 되지 않았다.

빼야 할 말은 뺀다

많은 관찰과 대화 끝에 내가 단어에 반응하는 사람인 것을 둘 다 알게 되었다. 나는 오랫동안 대학생들에게 설교하면서 적확한 단어를 사용하는 습관이 굳어졌다. 그래서 다른 사람도 내게 단어를 신경 써서 말해주기를 기대했다.

내가 어떤 단어를 싫어하는지 목록을 만들어 아내에게 알려주었다. 그 뒤로 권총의 방아쇠를 당기는 것처럼 내 감정을 흔드는 그 단어를 아내는 더 이상 사용하지 않게 되었다. 우리가 실천한 첫 번째 '부부 대화의 빼기'였다. 그 후로 말다툼이 급격히 줄었다(《하나님 부부로 살아가기》 "6장 저 작은 여우들을 잡아요", 182-186쪽 참조).

밖에 있다가 집에 들어오면 아내가 꼭 말한다.

"여보! 손을 먼저 씻어."

나도 개인위생의 중요함을 알고 있다. 사실 밖에서는 자주 손을 씻는다. 그런데 집에 들어오면 깜박할 때가 있다. 나는 집을 좋아한다. 집에 오면 소파에 앉아서 책을 읽거나 냉장고에 있는 시원한 주스를 마시거나, 커피를 들고 베란다로 간다. 집에 온 것을 즐긴다.

그런데 아내는 가장 먼저 손을 씻으라고 말한다. 나는 집에서도 손을 씻는다. 그런데 꼭 손을 씻지 않은 날, 아내가 물어본다. 마치 내가 손을 씻는지 씻지 않는지 그녀가 지켜보는 것 같다. 그래서 아내가 그 말을 하면 나는 어린아이가 되는 것 같은 느낌이 든다. 그래서 아내에게 그만 말하라고 부탁했고, 아내는 대화에서 그 말을 뺐다. 그러자 아내가 나를 존중한다고 느껴졌다. 대화에서 빼기는 배우자가 듣기 싫어하는 말을 빼는 것이다.

반면에 아내는 단어에 반응하는 사람이 아니었다. 내가 아내에게 "당신, 항상 그러더라"라는 말을 슬쩍 사용했는데, 전혀 기분 나빠하지 않았다. 다만 내 목소리나 손동작이 커지면 싫어했다. 마치 자기에게 설교하듯 말한다고 받아들였다.

"당신이 굳은 얼굴로 말하면 내 마음이 무너지는 것 같아."

아내가 '항상'이라는 단어를 버릴 무렵, 나도 '큰 소리로 말하기'를 버렸다. 아내가 또 말했다.

"아이들 앞에서 당신에게 부정적인 말을 들으면 기분이 안 좋아."

그래서 나는 아이들 앞에서 아내와 대화할 때 말을 조심한다.

물론 부부관계에 갈등이 있거나 가정 상황이 힘들어서 대화 내용 자체가 싸움의 원인이 될 수도 있다. 이런 경우에는 왜 싸우는지 부부가 둘 다 알고 있다. 그러나 처음에는 좋았는데 대화를 할수록 싸우게 된다면 원인을 알아야 한다. 그 경우에 단어와 문장으로 배우자를 자극했을 가능성이 많다.

배우자가 내가 싫어하는 말을 하면 당연히 기분이 나쁘고 결국 말싸움을 하게 된다. 말하는 사람이나 듣는 사람이나 무엇이 배우자를 기분 나쁘게 하는지 모르는 경우가 있다. 서로 불쾌하게 만드는 말이 무엇인지 꼭 알아야 한다.

[적용 1]

결혼한 사람들은 누구나 즐겁고 풍성한 부부 대화를 원한다. 흙에 영양분을 더하듯 배우자의 마음을 부드럽게 하는 말을 더하라. 과감하게 솎아내기를 하듯 배우자를 기분 나쁘게 하는 말은 하지 말라. 잘 모를 때는 배우자에게 질문하면 된다. 결혼 연차나 가정 상황, 부부관계에 따라 대답이 다를 것이다. 그러나 누구든지 자신이 좋아하는 말이 있고 배우자로부터 듣고 싶은 말이 있다. 그 말이 무엇인지 먼저 물어보고 배우자에게 해주면 부부 대화가 크게 발전한다.

TO DO 1 과수에 일 년에 세 번 영양분을 공급하듯 더해야 하는 말을 세 가지씩 찾아보자.

남편

♥ _____

♥ _____

♥ _____

아내

♥ _____

♥ _____

♥ _____

[적용 2]

배우자가 유난히 싫어하는 말이 있다면 반드시 빼야 한다. 대부분 비슷하지만 사람마다 다를 수 있다. 모든 대화에서 꼭 빼야 하는 공통점은 '잔소리'다. 이것은 혼잣말이다. 그래서 상대방에게 잘 들리지 않는다. 그러나 잔소리 외에도 가정 상황에 따라 다른 말이 있기 때문에 배우자에게 물어보는 것이 좋다. 그 말을 알게 되면 내 사전에서 지워야 한다.

TO DO 1 열매솎기를 하듯 부부 대화에서 빼야 할 말을 세 가지씩 찾아보라.

남편

♥ _____

♥ _____

♥ _____

아내

♥ _____

♥ _____

♥ _____

우리 부부, 이렇게 해보았어요!

소통을 위해 기도하다

《하나님 부부로 살아가기》의 "3장 나와 함께 가요"에서 '대화하는 부부'를 읽으며 '38년을 함께 살면서 아내와 얼마나 대화했을까?'를 자문해보았다. 우리는 대화가 거의 없었다.

그동안 나는 어떠한 문제가 생기면 '나 혼자 해결해야지. 굳이 아내에게 알려서 힘들게 할 필요가 있나' 하는 태도로 살았다. 또 대화를 시작하면 큰 소리로 변해 부부싸움으로 이어질 때가 많아 대화가 점점 더 소원해졌다.

나는 책을 읽으면서 깊이 반성했다. 그리고 소통의 부재가 주는 어려움을 알기에 아내와 대화를 하면서 살아야겠다고 굳게 마음먹었다. 그런데 처음에 대화를 시도하려니 몹시 어색하고 쑥스러웠다.

나는 하나님의 도움이 필요한 것을 절감하면서 간절히 기도했다.

'하나님, 아내와 대화하면서 지내려 합니다. 성령께서 우리 부부의 마음과 입술을 주장하여 사랑이 두터워질 수 있도록 도와주세요.'

기도의 응답을 받아, 지금은 우리의 대화가 많이 변했다. 나는 아내의 입장에서 생각하고, 아내는 내 입장을 생각하며 말하게 되었다. 꽁꽁 언 얼음이 봄볕에 녹듯이 우리 부부도 소통하는 부부가 되어 서서히 녹고 있는 중이다. 소통의 길이 열리면 부부 사이도 그만큼 돈독해진다.

박형식(결혼 38년차)

6강

서로 돕는 부부

help

퇴근 후, 가벼운 발걸음으로 집으로 향하는 남편.

 점수 따고 싶은 홍 집사

> 오랜만에 칼퇴도 했겠다,
> 설거지나 좀 도와줘야겠네.

남편이 부엌에서 설거지하는 소리가 들린다.
"덜그럭 덜그럭, 우당탕, 쏴아!"

짜증 난 박 집사

> 휴, 간만에 하면서 제대로 좀 하지,
> 바닥이 온통 물이네….

 은근히 화나는 홍 집사

> 회사에서 종일 일하다 와서 피곤한데도
> 집안일을 도왔는데 고맙다는 말 한 마디
> 없고….

눈치 없는 박 집사

뭐라고 중얼거리는 거야? 여보,
세탁기에서 빨래도 좀 꺼내줘.

 소파에 벌러덩 누운 홍 집사

됐어. 당신이 해!

씩씩거리는 박 집사

나도 종일 애들하고 힘들었다고!

 모른 척 홍 집사

….

부글부글 박 집사

….

두둥~ 전쟁의 시작!

방송 강의 듣기
갓피플TV 패밀리타임(familytime.godpeople.com)
6강 서로 돕는 부부 _ 박현숙

제가 어떻게 도울까요?

남편의 단점을 보고 나는 당황했다. 시간이 지나도 고쳐지지 않고 여전히 반복되자 실망했다. 힘들다고 하나님께 호소도 했다. 그러다가 문득 이런 생각이 들었다.

'내가 도울 수 있는 부분인가?'

그래서 기도를 바꾸었다.

'하나님, 제가 어떻게 도울까요?'

그러자 내 마음의 갈등이 급속히 사라졌다. 뿐만 아니라 내 부족한 부분을 항상 채워주고 기꺼이 도와주던 남편의 모습이 떠올랐다. 나는 새삼 깨달았다.

'사람은 누구나 도움이 필요하고 또 누군가를 도울 수 있는 존재로 지음 받았구나. 아내도 남편도 도움이 필요하구나. 둘이 서로를 도울 수 있구나.'

그래서 남편과 대화하며 서로를 도울 수 있는 몇 가지 실천 항목을 정했다.

- 격려와 감사의 말 전하기
- 서로의 공간 존중하기
- 취미생활 응원하기
- 은사 계발과 비전 성취 돕기
- 일상의 작은 즐거움 지원하기

격려와 감사의 말 전하기

하와는 아담을 돕는 배필이다. 처음에 그녀는 무엇으로 남편을 도왔을까? 아담은 모든 동물의 이름을 잘 지었고 동산을 관리할 능력도 충분했다. 그럼에도 그는 아내의 도움을 필요로 했다. 하와는 어떻게 했을까? 아마도 말로 아담을 돕지 않았을까?

이름을 짓는 남편 곁에서 "당신! 어떻게 그런 멋진 이름을 생각했나요? 정말 딱 맞는 이름이네요"라고 칭찬의 말로 도왔을 것이다. 그러면 아담은 어깨를 으쓱하며 더 신나게 이름 지을 동물을 찾았으리라.

또 하와는 동산을 돌보는 아담 곁으로 달려와서 "우와! 당신 정말 최고예요!"라며 남편을 세워주었을 것이다. 힘을 북돋아주는 하와로 인해 아담의 행복은 배가 되었을 것이다.

죽고 사는 것이 혀의 힘에 달렸나니 혀를 쓰기 좋아하는 자는 혀의 열매를 먹으리라 잠 18:21

말은 힘이 있다. 태초의 사람이나 오늘의 우리도 마찬가지다. 말은 사람을 죽이기도 하고 살리기도 한다. 누군가의 말 한 마디로 마음이 상하기도 하고 치유되기도 한다. 우리 모두에게 이런 경험이 있다.

특히 부부 사이의 말에는 더 큰 힘이 있다. 밖에서 안 좋은 말을 듣고 집에 왔는데 배우자에게서 부정적인 말을 들었을 때 얼마나 힘이 빠지는지 모른다. 또 여러 가지 일로 몸과 마음이 지쳐 있을 때 배우자의 따뜻한 한 마디 말이 얼마나 큰 위로와 힘이 되는가!

그러면 서로를 도울 수 있는 최고의 말은 어떤 말일까?

'서로의 정체성을 살려주는 말, 필요를 물어보는 말, 감사를 표현하는 말, 권위를 세워주는 말'이 사람을 살린다.

먼저 '서로의 정체성을 살려주는 말'부터 하라.

'남편에게는 인정이 필요하다'는 것을 절대 잊어서는 안 된다. 그가 무엇을 잘하는지 늘 관심을 갖고 잘한 일을 잘했다고 말하는 습관을 가지라. 사람은 누구든지 자기가 보는 것을 말한다. 남편의 단점과 약점보다는 노력하고 애쓰는 모습을 먼저 보는 연습을 하라. 그러다 보면 말로 남편의 정체성을 확실하게 살려주는 아내가 된다.

나도 이 사실을 인정하고 말로 남편을 돕기 위해 끊임없이 노력했다. 칭찬과 격려의 말을 하려고 그를 자세히 관찰했다. 적절한 칭찬의 말이 생각날 때는 빨리 메모를 했다. 시간이 지나면 잊어버리기 때문에 현장에서 바로 격려의 말을 하기도 했다. 문자 메시지로 "당신, 최고!", "당신, 짱! 짱! 짱!"을 보낸 적도 많았다.

남편의 정체성을 살려주는 말을 하면 할수록 그뿐만 아니라 나도 살아났다. 참으로 신비로운 경험이었다.

나의 사랑, 내 어여쁜 자야 아 2:10

남편은 아내에게 예쁘다고 말하라. 말은 생각에서 나온다. 평소에 아내를 예쁘게 생각하자. 하나님은 우주 만물을 창조하시고 가장 마지막에 여자를 만드셨다. 여자는 창조의 완결이다. 모든 창조물 중에서 가장 아름답고 예쁜 그분의 작품이다. 그래서 아내는 진짜 예쁘고 사랑받기에 충분하며, "예쁘다"라는 말을 들으면 행복해한다.

이는 그녀의 정체성을 살려내는 매우 중요한 말이다. 세상에서 수없이 들은 외모에 대한 거짓말로 정체성이 무너져 있기 때문이다.

남편이 그런 아내를 다시 말로 살릴 수 있다. 아니, 반드시 살려야 한다. 아내의 정체성을 회복시키는 무기는 남편의 "당신, 정말 예뻐!"이다. 부부 대화의 더하기에서 배운 것처럼 남편은 아내에게 날마다 예쁘다고 말하자. 말로 아내를 돕자.

여느 아내들과 마찬가지로 나도 남편에게 예쁘다는 말을 들으면 좋다. 그 어떤 말보다도 내게 자신감을 주고, 나를 미소 짓게 하는 말이다. 그리고 종일 기분이 좋다. 또 앞날을 살아갈 흔들리지 않는 반석이 된다.

둘째, '필요를 묻는 말'을 하라.

내가 음식을 준비하고 있을 때, 남편이 곁에 와서 묻는다.

"여보, 무엇을 도와줄까?"

그 한 마디에 내 모든 피곤이 사라진다.

휴일 아침에 남편이 내게 묻는다.

"여보, 가고 싶은 데 있어?"

내 의견을 물어보고 내가 원하는 것을 해주려는 그의 마음에 나는 쉼을 누린다.

셋째, '감사를 표현하는 말'을 하라.

"여보, 고마워요!"

이 한 마디가 배우자를 살린다. 자신이 잘하고 있다는 증거를 갖게 되기 때문이다. 부부가 서로 감사를 표현하는 것은 어색한 일이 아니다. 아내나 남편의 도움에 꼭 고맙다고 말하라. 당연한 일을 했다고 그냥 넘어가지 말라. 당연한 일에 감사하다고 말하면 더 힘이 된다.

가까운 사람의 격려는 선한 삶을 지속하게 만드는 힘이다. 배우자에게 듣는 감사의 말이 날마다 새로운 에너지가 된다. "여보, 고마워요"라고 하면 "그렇게 말해줘서 나도 고마워요"라고 화답하면 얼마나 좋은가! 남편이 용기를 내서 "여보, 고마워"라고 말했는데, "뭐가 고마운데?"라고 아내가 말하면 더 이상 대화가 진행되지 않는다.

둘 중에 한 사람이 고맙다고 말하면 그에 맞게 대답하는 것도 중요하다. 배우자가 고맙다고 말하면 부드러운 말로 대화를 이어가야 한다.

넷째, '권위를 세워주는 말'을 하라.

권위는 스스로 세우지 못한다. 누군가 세워줘야 한다. 스스로 세우려고 하면 권위주의가 되어서 좋지 않다. 부부 사이도 마찬가지다. 서로 권위를 세워주어야 한다.

특히 자녀 앞에서 부모는 권위가 있어야 한다. 엄마가 아빠를 존경하면 자녀도 아빠의 말을 믿고 따른다. 아빠가 엄마의 의사를 존중하면 자녀도 엄마의 말에 순종한다. 부부는 그렇게 부모인 서로를 잘 도울 수 있다. 남편은 세 아이에게 "엄마 말은 한 번에 들으라"라는 말을 자주 했다. 엄마 역할을 잘 감당하도록 남편이 나를 도와주는 고마운 말이다.

서로의 공간 존중하기

2010년, 이사를 앞두고 남편은 해외 사역으로 또다시 집을 떠났다. 2주 뒤에 돌아온 남편은 새 집으로 가면 베란다를 내 공간으로 선물하겠다고 했다. 내가 궁금해서 물었다.

"베란다를 선물한다고? 그게 무슨 말이에요?"

"내가 공항 서점에서 '물건을 정리하는 방법'에 대한 책을 읽었어. 이사 전에 짐을 줄이려고 생각했는데 그 책을 읽고 결심했지. 그래서 정리할 물건의 목록도 적었어."

그렇게 남편은 자기 물건을 정리하기 시작했다. 사용하지 않는 스피커와 전선들과 전자 제품들, 여러 종류의 운동 도구들, 보관하고 있던 자료 상자들, 읽지 않는 책들이 집 곳곳에 있었다. 그것들을 지인에게 나눠주기도 하고 버리기도 했다.

놀랍게도 남편의 보물인 고장 난 자전거까지 고물상에 팔았다.

제주도에서 타다가 미국 콜로라도까지 가져가 라이딩을 즐겼고 다시 한국에 갖고 와서 몇 년을 타고 다녔던 자전거였다. 중요한 부품들이 부서져서 더 이상 타지 못해도 항상 갖고 다니던 그것을 포기하다니! 며칠 동안 짐을 정리하고 나서 남편이 말했다.

"더 이상 베란다에 들어갈 물건이 없어. 이제 그곳은 '당신의 공간'이야."

그래서 나는 베란다에 화초를 가꾸기 시작했다. 살림과 양육과 사역에 밀려 있던 오랜 소원이었다. 재정적인 압박도 내 삶의 일부였기에 취미생활은 늘 뒷전이었다. 내가 스스로 결단하기 어려운 일을 남편이 했다.

그의 결심과 도움으로 드디어 예쁜 베란다 정원이 만들어졌다. 나는 그곳에 있는 작은 의자에서 책을 읽거나 일기를 쓰거나 묵상을 한다. 차를 마시고 기도 시간을 갖기도 한다. 그리고 내가 베란다에 있을 때는 가족들이 방해하지 않는다. 가끔 남편이 커피를 들고 놀러온다.

나는 남편에게도 그의 공간으로 느낄 수 있는 곳을 확보해주고 싶었다. 그래서 집 구조를 살펴보다가 남편의 공간이 없음을 새삼 깨달았다. 대부분 가정에서 안방은 '엄마 방'이다. 물론 부부가 함께 사용하지만 방의 호칭이 그렇다. 그리고 '아들 방', '딸 방'은 있지만 '아빠 방'은 거의 듣지 못했다. 주방도 대부분 주부인 아내들의 공간이다. 그렇다고 남편에게 다용도실을 줄 수는 없다.

'남편이 집에서 자기가 가장이라고 느낄 수 있는 곳이 어디일까?'

많은 생각을 하다가 결국 거실을 그의 공간으로 결정했다. 아이들도 기쁘게 동의했다. 남편은 그곳에서 쉬는 시간을 좋아했다. 비록 크지는 않지만 거실이 '남편의 공간'이 되었다.

나는 거실이 실제로 그의 공간이 되도록 꾸몄다. 남편이 소파의 모양과 색깔, 거실 탁자와 바닥 러그를 결정하게 했다. 그리고 그가 좋아하는 노란색 스핀 바이크(운동 기구)를 거실 한쪽에 놓고 거실 벽에는 어떤 액자도 걸지 않고 비워두었다. 여백을 좋아하는 남편의 취향을 고려해서….

취미생활 응원하기

취미생활은 행복한 삶을 위해 꼭 필요하다. 그러나 결혼하면 간단한 취미생활도 배우자의 격려와 지원 없이는 하기 힘들다. 부부가 서로 존중하고 돕는 마음이 있어야 가능하다.

아이들이 어렸을 때, 유치원에 보내고 돌아오는데 상가 1층에 새로 문을 연 공방이 보였다. 쇼윈도에 전시된 지점토로 만든 꽃들을 보자 가슴이 두근거렸다. 나는 며칠 동안 밖에서 구경만 하다가 결국 안으로 들어갔다. 작품 하나를 사려고 했는데 직접 배워보면 어떻겠냐고 주인이 제안했다.

집에 와서 남편에게 말했더니 그도 적극 권했다. 지점토를 배우면서 전에 맛보지 못한 새로운 즐거움에 빠져서 시간 가는 줄도 몰랐다. 이런 내 모습을 본 남편은 점토 공예에 관한 책과 좋은 점토와 소품 재료를 사다주기도 했다.

나는 아이들과 함께 웃고 떠들며 장미꽃과 방울꽃을 만들었다. 아이들이 잠들면 나 혼자 밤을 꼬박 새기도 했다. 남편은 그런 나를 신기하게 생각하면서도 적극적으로 응원했다. 여러 점토 작품 중에서 하나를 큰 액자에 담아 식탁 벽에 걸었다(남편은 그 작품을 이사 다닐 때마다 제일 먼저 챙겼다).

일 년 동안 점토를 만지며 나는 참 많이 즐거웠고 충분히 만족했다. 셋째 아이를 임신하면서 그만두었지만 조금도 아쉽지 않았다. 그때의 지점토 공예처럼 지금의 베란다 정원 가꾸기도 남편의 지지와 도움으로 누릴 수 있는 것이 참 감사하다(좋은 점토를 찾았다면서 자랑스레 들고 오던 남편이 요즘은 꽃집에서 흙을 사서 들고 온다).

은사 계발과 비전 성취 돕기

결혼 초기부터 남편이 사역 간사인 내게 설교할 기회를 주었다. 내가 할 수 있는 주제로 강의하도록 권했다. 하지만 나는 모임에서 앞으로 나갈 때마다 두렵고 떨렸다. 어떤 날은 강의를 너무 못한 것 같아서 다시는 하지 않겠다고 결심하기도 했다. 하지만 남편은 포기하지 않았다.

지금 나는 여러 모임에서 강사로서 열심히 사역하고 있다. 포기하지 않고 나를 도와준 남편의 열매다. 나는 강의 전에는 항상 그에게 기도를 요청한다. 그가 나를 위해 기도하면서 받은 하나님의 마음과 뜻을 듣고 강의한다. 책을 쓰는 일에도 남편의 도움과 지지가 컸다. 자기 책을 쓸 기회를 몇 년이나 미루면서 내가 먼저 출간하도록 도왔다.

여러 모임에서 가능성 있는 여성들을 많이 만난다. 조금만 도와주면 훌륭하게 일할 수 있는 이들이다. 그런 아내를 가장 잘 도와줄 수 있는 사람은 남편이다. 아내의 비전을 멈추게 하지 말라. 남편의 비전만 강조하는 것은 하나님나라에 손실이다. 남편과 아내를 향한 하나님의 뜻이 이뤄지도록 서로 돕는 건강한 부부로 살자.

일상의 작은 즐거움 지원하기

일본 영화인 〈카모메 식당〉을 함께 보며 "세상에서 가장 맛있는 커피는 남이 타준 커피입니다"라는 대사에 남편이 "맞아, 정말이야!"라며 격하게 공감했다. 그다음 날 아침부터 나는 세상에서 가장 맛있는 커피를 타기 시작했다.

나는 커피를 전혀 마시지 않지만 세상에서 가장 맛있는 커피를 타주는 기쁨을 누린다. 남편은 내가 건네준 커피를 들고 베란다 정원으로 간다. 그리고 자기가 사다 준 흙이 도움이 되었는지, 그새 핀 못 보던 꽃의 이름이 무언지를 묻는다. 사실 그 꽃은 며칠 전부터 피어 있었고, 나는 몇 번이나 그 이름을 알려줬지만 다시 말하며 웃는다.

[적용 1]

남편과 함께 쓴 《하나님 부부로 살아가기》에서는 아내인 내가 남편을 돕는 일곱 가지 방법을 소개했다.

- 남편을 말로 돕는다.
- 남편을 믿고 따른다.
- 남편에게 맛있는 밥을 차려준다.
- 남편의 편에 선다.
- 남편의 자존심을 지켜준다.
- 남편에게 먼저 질문한다.
- 남편의 변화를 따라간다.

이 책에서는 부부가 서로 돕는 다섯 가지 방법을 제시했다. 부부는 서로 도우며 살아야 하기 때문이다.

- 격려와 감사의 말 하기
- 서로의 공간을 존중하기
- 취미생활 응원하기
- 은사 계발과 비전 성취 돕기
- 일상의 작은 즐거움 지원하기

`TO DO 1` 배우자의 도움을 받은 일들 중에서 생각나는 것을 적어보라.

♥ _____

♥ _____

♥ _____

♥ _____

[적용 2]

말에는 힘이 있다. 우리는 결혼하기 전에 많은 말을 들으며 살았다. 그
중에는 정체성을 흔들리게 하고 마음을 상하게 만든 말도 있다. 그러
나 당신의 한 마디 말이 배우자의 정체성을 살린다는 것을 기억하라.
사랑하는 배우자의 정체성을 회복시키는 말을 하자.

`TO DO 1` 누군가의 말로 상처 입은 일을 적고 배우자와 나누라.

♥ _____

♥ _____

♥ _____

♥ _____

[적용 3]

아내나 남편의 말로 도움 받은 경험을 생각해보자. 그것을 배우자에게 나누고 감사를 표하자. 부부가 주고받는 좋은 기억은 나누면 나눌수록 부부를 더 큰 행복으로 이끈다.

● 서로의 정체성을 살려주는 말
● 배우자의 필요를 물어보는 말
● 감사를 표현하는 말
● 배우자의 권위를 세워주는 말

TO DO 1 배우자가 가장 듣고 싶은 말이 무엇인지 생각해보라. 아래에 적고 나누라.

♥ _____

♥ _____

♥ _____

♥ _____

♥ _____

♥ _____

[적용 4]

음악 감상을 좋아하는 남자가 있다. 그 남자의 그런 모습에 반한 여자와 결혼했다. 아내는 남편을 위해 작은 방을 음악 감상실로 꾸몄다. 그리고 '남편의 방'이라고 이름 지었다. 남편의 생일에 그가 소원하던 스피커를 아내가 깜짝 선물했다. 남편은 휴식이 필요할 때면 자기 방에서 음악을 들었다.

아이가 태어났다. 아이 방이 필요해서 남편의 음악 감상실을 거실로 옮겼다. 어느새 아이가 자라 중학생이 되었다. 아빠는 공부하는 딸을 방해하지 않으려고 거실에서 작은 소리로 음악을 들었다. 그런 남편이 안타까워서 아내는 무선 헤드폰을 선물했다. 어느 날 아이가 아빠의 헤드폰을 벗기면서 말했다.

"아빠가 음악 들을 때 나는 더 공부가 잘돼요. 편하게 음악을 들으세요. 거실은 아빠의 공간이고, 아빠는 우리 집 가장입니다. 엄마가 항상 하는 말이거든요."

TO DO 1 배우자에게 자기만의 공간을 선물하라.

남편의 공간은 어디인가? (   )
아내의 공간은 어디인가? (   )

TO DO 2 부모도 자기 공간이 필요함을 자녀들에게 가르치라.

[적용 5]

나는 두 시간 넘게 서서 강의하면 무릎이 아팠다. 그 자리에 주저앉고 싶을 정도로 아플 때도 많았다. 나이가 들어 오래 강의하다 보니 자연스런 현상으로 받아들여졌다. 남편은 내 발에 편한 신발을 찾기 시작했다. 그러던 중에 해외 사역이 있어 남편과 함께 갔다. 그가 사역을 마치고 돌아오는 길에 쇼핑을 하자고 했다.

나는 피곤하고 시간도 촉박해서 안 가겠다고 했다. 그는 꼭 들러야 할 곳이 있다며 나를 강권했다. 발이 편한 신발만 모아놓은 가게였다. 남편이 사준 신발을 신은 후부터 무릎 아픈 것이 사라졌다. 그는 강의하는 일주일 동안 내 신발을 사줄 계획을 세우며 지냈다고 했다.

TO DO 1 배우자를 돕기 위해 실천할 일을 구체적으로 적어보라.

♥ _____

♥ _____

♥ _____

♥ _____

♥ _____

♥ _____

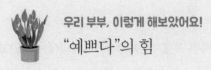

"예쁘다"의 힘

결혼한 지 8년이 되었고, 일곱 살 아들이 있다. 우리는 둘 다 교회 사역자인데 다른 교회에서 섬기고 있다. 남편인 나는 힘껏 집안일과 육아를 아내와 같이한다.

내 나름대로 최선을 다해 아내를 돕고 있는데 언제부터인가 아내가 만족하지 않는 것 같았다. 그래서 '아, 이제 그만하고 싶다. 안 도와줘야지'라고 생각하던 중에 '서로 돕는 배필'에 대한 강의를 들었다.

그리고 '예쁘다고 말하기'를 적용했다. 아내가 립스틱을 바꾸면 "색이 당신한테 정말 잘 어울려. 아주 예쁜데!"라고 말하고, 그녀가 신경 써서 입은 옷에 대해서도 칭찬해줬다.

한번은 "당신처럼 예쁜 여자와 함께 길을 걸으니 참 행복하네"라고 말하며 팔짱을 꼈더니 아내가 활짝 웃었다. 그동안 아내를 도와주면서 그토록 기대했지만 볼 수 없었던 표정이었다.

어느 날, 아내가 말했다.

"내 힘을 다해서 사역하는데, 사실 나 자신을 잃은 채 살고 있었어. 나를 존중해주는 누군가가 필요했는데 당신의 '예쁘다'라는 말이 큰 힘이 되었어. 고마워."

그 이후로 나는 아내에게 필요한 말을 잘 표현하려고 연습했다. 비로소 내 기준이 아닌 아내의 입장에서 보게 되었다. 우리 부부는 서로에 대한 격려의 말과 배려로 날마다 새로워지고 있다. **김진형**(결혼 8년차)

3부

사랑을
결단하자

사랑이 식은 게 아니다

cool down

며칠 동안 분위기가 가라앉아 심각해진 부부.

고민고민 아내

> 요즘 저이가 퇴근하면 짜증만 내고
> 왜 저러지? 오늘은 중요한 날이지
> 만 그 얘기 좀 해봐야겠네.

전화가 오자 남편이 휴대폰을 들고 베란다로 간다.

통화 중 남편

> 이번에 진급 못하면 여러 가지로 힘든데,
> 그래서 그만둘까도 생각 중이야.

이해되는 아내

> 아, 그랬구나.

남편의 생일에 그가 좋아하는 음식을 만들고 차를 마시면서
대화를 시도하려는 아내.

위로 여왕 아내

> 혹시 진급이 안 돼서 힘들었어? 나는 당신이
> 회사에 다녀도 감사하고, 그만둬도 괜찮아.

마음 열린 남편

> 사실은 이번 명절에 처가에 가는 게 많이
> 부담이 돼. 지난번에 장모님이 진급을 위
> 해 기도해주신다고 하셨는데….

명절날 처가에 간 사위에게 장모님이 음식을 차려주신다.

기도하시는 장모님

> 자네가 우리 딸과 결혼해준 것만으로도 고맙
> 고 감사하네. 나는 우리 사위가 자랑스러워.

위로받은 사위

> 늘 기도해주시는데 죄송해서요.
> 앞으로 더 자주 찾아뵐게요.

방송 강의 듣기
갓피플TV 패밀리타임(familytime.godpeople.com)
7강 사랑이 식은 게 아니다 _ 홍장빈

작은 여우를 잡아라

부부 사이에 갈등이 있는 것은 당연하다. 이를 극복하지 못하면 위기와 불화로 번지나, 잘 다루면 이전보다 더 친밀한 부부가 된다.

우리를 위하여 여우 곧 포도원을 허는 작은 여우를 잡으라 우리의 포도원에 꽃이 피었음이라 아 2:15

여우가 있다. 포도원을 허는 작은 여우다. 다행히 곰이나 사자는 아니다. 곰이나 사자가 왔다면 막는 게 어렵지만 작은 여우는 쉽게 잡을 수 있다. 그런데 여우는 한 마리가 아니다. '작은 여우 떼'라고 번역한 번역본이 있을 정도로 여러 마리가 있다.

한 마리를 물리치면 또 다른 여우가 포도원을 헐기 위해 온다. 농부는 포도원을 지키기 위하여 계속 깨어 있어야 한다. 부부 갈등도 똑같다. 한 가지 갈등을 해결했다고 모든 갈등이 끝나는 것이 아니다. 그러나 여우는 곰과 사자처럼 무섭지는 않다.

곰은 정말 무섭다. 나는 미국 콜로라도 스프링스의 국제 YWAM

선교 전략센터에서 사역할 때 곰을 만났다. 우리는 100년 된 통나무집에서 살았는데 부엌 앞에 작은 창문이 있었다. 오래된 창틀이 뒤틀렸는지 아주 조금 움직일 뿐 어떤 힘으로도 열 수 없었다.

어느 날, 아이들이 과자를 그 밑에 두고 잠이 들었다. 곰이 그 창문을 열고 한밤중에 들어왔다. 우리 가족은 덜덜 떨면서 반대편 창문으로 탈출했다. 아침에 돌아와 보니 부엌에 있던 커피포트가 깨지고 그릇들이 흩어져 있었다. 아이들이 아끼던 과자는 흔적 없이 사라지고 상자 바닥은 곰의 침으로 축축했다.

어떤 날은 선교사들이 점심을 먹고 강의실로 돌아오니 큰 곰이 책상에 앉아 있었다. 바닥에서 뒹굴다 올라갔는지 카펫이 온통 곰의 털투성이었다. 곰은 두꺼운 나무문을 부수고 150명분의 간식을 먹어 치우기도 했고 벽에 고정된 전자레인지를 떼어서 들고 가기도 했다. 2미터가 넘는 곰이 창 밖에서 침을 흘리며 나를 바라볼 때면 무서워서 오금이 저렸다. 그런 곰이 포도원에 오지 않아서 얼마나 다행인가.

사자도 무섭다. 아프리카에서 차를 타고 가다가 사자를 만났다. 30미터 정도 떨어진 먼 거리에서 우리를 가만히 쳐다보는 사자가 신기해서 차를 멈추고 사진을 찍었다. 그때 한 사람이 더 좋은 각도에서 사진을 찍고 싶다며 유리창을 열고 몸을 반쯤 내밀었다. 그러자 함께 차를 타고 가던 아프리카 현지인 간사가 빨리 문을 닫으라고 소리를 질렀다. 사자는 20-30미터를 순식간에 달려와서 공격한다고. 그런 사자가 포도원에 오지 않은 것도 천만다행이다.

우리 부부는 작은 여우도 만났다. 콜로라도에서 산책하는데 탐스런 꼬리털이 황금빛으로 반짝이는 작은 여우 한 마리가 뒤따라왔다. 어린아이 같은 눈빛으로 우리를 쳐다보는데 정말 예뻤다. 아내는 《어린 왕자》에 나오는 여우같다며 좋아했다.

그때 나는 아가서 2장의 작은 여우가 생각났다.

'저런 여우가 포도원에 왔구나.'

작은 여우는 곰과 사자처럼 전혀 위협적이지 않다. 그래서 방심하기 쉽다. 부부 사이에 생기는 갈등도 마찬가지다. 물론 길에서 곰이나 사자를 만나는 것처럼 부부관계에 큰 위기가 닥치고 불화가 일어나기도 한다. 그러나 그 이전에 작은 여우가 온다. 작은 갈등이 생긴다. 그것을 방치했기에 위기를 맞는다.

절대 방심하면 안 된다. 여우가 오는 목적은 포도원을 허물기 위해서다. 포도원은 부부가 열심히 지키고 가꾼 가정을 비유한다. 작은 갈등은 가정의 울타리를 허물고 그동안 애써서 가꿔온 포도 열매 같은 결혼생활을 해친다. 포도원 전체를 허물듯이 가정을 무너뜨린다.

갈등이 일어나는 몇 가지 원인을 살펴보고 작은 여우를 잡자.

- 나와 배우자의 성장 배경이 다르다.
- 나와 배우자의 사소한 생활습관이 다르다.
- 각자에게 스트레스가 있다.

배우자의 성장 배경을 알자

"여보! 내가 아파요."

결혼하고 처음으로 아내가 아팠을 때다. 목이 붓고 열이 나는 걸 보니 감기에 걸린 것 같다며 힘없이 나를 쳐다보았다. 나는 진지하게 나름대로의 처방법을 들려주었다.

"그래? 그럴 때는 십자가를 묵상해."

아내는 한동안 말없이 나를 보더니 눈물을 글썽이며 갑자기 엄마가 보고 싶다고 말했다.

"태어나서 처음으로 십자가가 싫어질 것 같네."

여느 부부와 마찬가지로 우리 부부도 원가족의 분위기가 많이 다르다. 나는 초등학교를 졸업한 후부터 혼자 살았다. 낮에는 시장에서 일하고 밤에는 야학에 다니며 청소년기를 보냈다. 아무리 어려운 일도 혼자 해결해야 했다. 몸이 아프면 무조건 참았다. 어려운 일을 견디는 내 자신이 자랑스러웠다.

처음 교회에 나가서 십자가를 알게 되었을 때부터 나는 십자가가 좋았다. 십자가에 못 박힌 고통을 참으신 예수님이 좋았다. 나는 그분의 참을성을 무척 존경했다.

그러나 아내의 성장 배경은 나와 달랐다. 서로 돌봐주고 챙겨주는 따듯한 가정에서 자랐다. 누가 아프면 어디가 얼마큼 아픈지 관심과 사랑을 쏟고 정성껏 간호해주었다. 가까이 사는 가족은 찾아오고 먼 곳에 있는 가족도 몇 번이나 전화해서 안부를 묻곤 했다.

신혼 초에는 이런 사실을 전혀 몰라서 아내가 내게 무엇을 기대하는지 정말 몰랐다. 그래서 십자가를 묵상하라는 내 말은 최선이었다. 다행히 '십자가 사건'을 계기로 서로의 성장 배경을 나누게 되었다. 더 큰 오해가 생기기 전에 작은 여우를 잡은 것이다.

나는 지금도 십자가를 좋아한다. 우리 집 곳곳에 십자가가 있다. 자동차에도 예수원에서 강의하고 선물받은 십자가가 걸려 있다. 나는 "통증과 싸워라", "자연 치료"와 같은 말을 좋아한다.

그러나 이제는 아내가 아플 때 십자가를 묵상하라고 말하지 않는다. 어디가 아픈지 묻고 관심을 보인다. 이마를 짚어주거나 손을 잡아준다. 심하게 아프기 전에 병원에 함께 가고 약도 사다 준다. 배우자가 어떤 가정에서 성장했는지 원가정의 분위기를 알면 괜한 오해가 시작되지 않는다. 그것이 작은 여우를 잡는 일이다.

성장한 지역의 영향도 무시하면 안 된다. 배우자가 살았던 지역 특성을 이해하지 못해서 불필요한 갈등이 일어나기도 한다. 어느

지방은 말이 직설적이고 의사 표현을 분명하게 한다. 그렇지 않은 지역도 있다. 한쪽에서는 답답하게 느끼고 다른 쪽에서는 무례하게 느낀다. 배우자가 서로 다른 지역에서 성장했다면 지역의 차이점을 반드시 연구해야 한다. 그것을 아는 만큼 배우자를 더 이해하게 된다. 갈등을 줄이고 작은 여우 한 마리를 또 잡게 된다.

서로 다른 생활습관을 알자

개인의 습관도 갈등의 원인 중 하나다. 습관은 몸이 기억하는 반복 행동이다. 어떤 행동이 습관이 되기까지 오랜 시간이 걸렸다. 따라서 타인의 충고나 잔소리로 쉽게 고쳐지지 않는다. 본인이 노력해도 고치기 어렵다. 고쳐지지 않는 잘못된 습관이 갈등을 일으키고 이를 반복하다 보면 불화로 이어지기 쉽다. 어떻게 이 작은 여우를 잡을 수 있을까?

내가 이해할 수 없는 아내의 독특한 습관이 있다. 집에 들어오면 양말을 벗어서 아무 데나 둔다. 거실이나 안방에 아내가 벗어놓은 양말이 있으면 나는 그것을 빨래통에 넣으며 잔소리를 한다.

"양말을 벗었으면 빨래통에 넣지 않고…."

아내는 차를 타면 또 양말을 벗는다. 목적지에 도착하면 다시 양말을 신지만 집으로 돌아올 때 벗은 양말을 그대로 두고 내리기도

한다. 차를 청소하다 보면 아내가 벗어놓은 양말을 자주 발견한다. 다른 것은 정리정돈을 잘하는 사람이 양말은 아무 데나 벗어두는지 알 수가 없었다.

내게도 잘 고쳐지지 않는 습관이 있다. 샤워를 하고 사용한 수건을 그대로 화장실에 걸어둔다. 말려서 또 사용하려는 생각이다. 그때마다 아내는 젖은 수건은 빨래통에 넣으라고 말한다. 왜 그것이 어려운지 이해할 수 없다고 한다. 아내에게 간단한 그 일이 내게는 쉽지 않다.

어느 날, 아내의 습관을 고쳐야겠다고 작정했다. 아내가 벗어둔 양말을 집어 들고 큰 소리로 아내를 불렀다. 무슨 일인가 놀라서 달려온 아내가 내 손에 들린 양말을 보았다. 할 말이 있으면 자기 눈을 보고 이야기하라고 아내가 말했다. 그녀가 부탁한 대로 눈을 바라보자 그 눈동자 속에 내 얼굴이 보였다.

그 순간, 내가 아침에 사용한 수건을 빨래통에 넣었는지 화장실에 계속 걸어놓았는지 기억이 나지 않았다. 내 습관은 고치지 않고 아내한테는 고치라고 요구하고 있는 나를 발견했다. 아내에게 미안했다.

우리는 서로를 고치려는 마음을 내려놓고 대화를 하자고 했다. 갈등을 일으키는 양말과 젖은 수건 얘기를 시작했다. 아내는 양말을 신고 있으면 답답해서 벗는다고 했다. 몸에 걸치는 액세서리도

때로 답답하고 무겁다고 했다. 아내가 몸에 무언가를 착용하는 것을 답답해 하는 이유를 찾았다. 혈액 순환이 잘 안 되는 것 같았다. 이런 대화를 나누고부터 나는 아내의 발을 자주 주물러준다. 거실에서 나란히 앉아 영화를 보다 보면 어느새 내 손은 아내의 발을 마사지하고 있다.

청소년 시절에 나는 혼자 지냈다. 청결한 생활이 어려웠다. 수건 한 장으로 살았던 때도 많았다. 아예 수건이 없던 시절도 있었다. 수건으로 시작된 내 청소년 시절 얘기를 들으면서 아내는 안쓰러워했다. 그런 환경에서 잘 견뎌온 내가 대단하다고도 했다.

그날의 대화 이후에 나는 젖은 수건을 빨래통에 넣는다. 아내가 빨아서 잘 개어놓은 깨끗한 수건을 꺼내 쓸 때마다 감사해한다. 내가 결혼했다는 사실에 매번 감격한다.

모든 사람의 습관은 나름대로 형성된 자기 이야기가 있다. 결혼은 습관이 다른 두 사람의 만남이다. 당연히 갈등 요소가 있다. 그러나 사랑으로 바꿀 수도 있다. 부부가 여우 떼를 함께 잡으면 된다. 그 기쁨을 누리는 방법이 있다.

- 습관 차이로 갈등이 생길 때 우선 잔소리를 멈춘다.
- 무조건 상대를 고치려는 생각을 버린다.

- 습관이 생긴 이유를 부드럽게 묻고 배우자의 이야기를 잘 듣는다.

서로를 이해하면 또 한 마리의 작은 여우를 또 잡을 수 있다.

각자의 스트레스가 무엇인지 알자

아가서에 나오는 작은 여우는 길을 가다가 우연히 포도원을 발견한 것이 아니다. 꽃의 향기를 맡고 왔다.

무화과나무에는 푸른 열매가 익었고 포도나무는 꽃을 피워 향기를 토하는구나 나의 사랑, 나의 어여쁜 자야 일어나서 함께 가자 아 2:13

포도나무에 꽃이 피었다. 향기가 진동했다. 향기를 토한다고 번역할 정도다. 그 향기를 맡고 작은 여우가 왔다. 만약 꽃이 피지 않았다면 향기도 나지 않고 여우도 오지 않았을 것이다. 꽃이 피었기 때문에 여우가 왔다.

꽃이 피면 당연히 향기가 난다. 여우가 찾아오는 것이 싫다고 꽃의 향기를 막지 못한다. 여우가 오는 것도 막지 못한다. 여우는 온다. 그러나 포도원을 헐지 않게 지킬 수는 있다.

스트레스가 심하던 어느 날, 나는 화를 참지 못하고 휴대폰을 집어 던졌다. 거실 벽에 부딪친 전화기가 큰 소리를 내며 박살났다. 가족을 향해 던진 것은 아니었다. 가족에게 화가 난 것도 아니었다. 다만 내가 스트레스를 조절하지 못했다. 큰아들이 깜짝 놀라서 방에서 나왔다. 막내아들도 뒤따라 나왔다. 잠시 주춤하던 큰아들이 내게 말했다.

"아빠 휴대폰을 바꿀 때가 지났어요. 이제 바꾸세요."

그리고 얼른 흩어진 부품을 모으면서 중얼거렸다.

"아! 전화기에는 이런 부품이 들어 있구나. 참 궁금했는데…."

딸은 내 곁으로 다가와 내 손을 슬며시 잡았다. 아이들은 상황을 잘 모르면서도 나를 위로하려고 노력했다. 아내는 그날 가족의 시간을 제안했다. 나는 내 행동을 사과했다. 그리고 내 스트레스에 대해 나누었다.

당시 내게는 재정에 대한 압박이 있었다. 국제사역의 리더로서 해외 방문 일정이 많았는데 항공비 마련이 매번 부담이 되었다. 사역에 필요한 재정을 모금하는 일과 부족한 가정 재정에 대한 압박으로 내 마음을 다스리기가 힘들었다.

그러다 보니 돈에 관계된 조그마한 일에도 민감했다. 항공비를 위해서 신용카드를 사용했는데 결제일이 다가오면 쉽게 화가 났다. 이런 상황을 가족에게 나누면서 나는 깨달았다.

내가 맡은 사역이 잘되기 때문에 그만큼 재정 압박도 커졌다. 국제 리더가 되지 않았다면 재정 압박이 덜했을 것이다. 책임져야 할 일이 많은 것은 힘들지만 사역이 잘되는 것은 감사한 일이었다. 꽃이 피었기 때문에 향기가 났고 그 향기로 인해 여우가 온 것이었다.

아내가 아이들에게 아빠를 위해 기도하자고 했다. 기도를 마치고 당시 다섯 살이던 막내가 벌떡 일어나며 말했다.

"아빠, 걱정하지 마세요. 저한테 돈이 있어요."

그러면서 자기 방으로 뛰어가서 전 재산이라며 200원을 가지고 와서 내게 주었다. 그 후부터 나는 재정 상황을 정기적으로 가족에게 나눈다. 재정이 준비되지 않으면 신용카드로 지출하지 않았다. 재정 관리도 새롭게 배웠다. 가족들도 수입 안에서만 지출하는 법을 배웠다. 갈등이 위기로 넘어가지 않고 온 가족이 하나가 되는 기회가 되었다.

재정적 압박은 대부분의 부부에게 갈등의 큰 원인이 된다. 특히 지출을 줄여야 할 때는 그동안의 소비 습관 때문에 갈등이 심해진다. 은행 대출금이나 소득 감소로 재정적인 압박을 받는 가정이 갈수록 많아지고 있다.

가족들이 재정 상황을 아예 모르거나, 배우자간에 서로 다르게 알고 있다면 언젠가 갈등이 위기로 폭발한다. 돈 문제로 자주 싸우고 있다면 부부 회의 시간에 반드시 재정 상황에 대해 있는 그대로 나누라.

그 외에도 배우자의 스트레스가 무엇인지 알아야 한다. 혼자 걱정하지 않고 대화하는 것만으로도 스트레스가 줄어든다. 곰이나 사자가 되기 전에 작은 여우를 잡자.

[적용 1]

작은 여우는 부부 사이의 사소한 갈등을 상징한다. 대부분의 갈등이 심각하지 않은 작은 문제로부터 시작된다. 다들 그렇게 산다고 생각하면서 참고 넘어가려 한다.

그러나 이를 방치하면 부부관계에서 위기가 오고 결국 무너진다. 갈등이 계속되면 사랑이 식었다고 생각하기 쉽다. 그러나 사랑이 식은 것이 아니라 작은 여우를 무시하고 방심한 결과다.

TO DO 1 배우자의 원가정 분위기를 적어보라.

_____

_____

_____

_____

TO DO 2 배우자가 자라온 지역의 특징은 어떠한가?

_____

_____

_____

_____

[적용 2]

배우자와 갈등이 있다면 사랑하기 때문이다. 이것을 기억하고 갈등을 긍정 에너지로 만들자. 사랑이 열매를 맺도록 기다리자. 꽃이 피었다는 것은 그만큼 농부가 포도나무를 잘 가꾸었다는 뜻이다. 부부 갈등도 마찬가지다. 부부가 서로를 향해 관심과 기대가 있고 좀 더 잘 살기 원하기에 갈등도 생긴다.

꽃이 피면 당연히 향기가 난다. 그 향기를 맡고 여우가 찾아온다. 포도나무에 꽃이 피었다는 것은 조금 있으면 맛있는 포도가 열린다는 뜻이다. 포도나무를 심는 것이 포도원을 만든 목적이 아니다. 포도를 수확해야 한다.

포도가 열리기 직전에 망칠 수는 없다. 꽃의 향기를 맡고 찾아온 작은 여우를 방치해서 포도원을 망칠 수는 없다. 부부가 오늘까지 살아왔는데 여기서 무너지면 안 된다. 그동안의 삶이 아깝다.

TO DO 1 부부의 갈등 원인을 찾아 적어보라.

♥ _____

♥ _____

♥ _____

♥ _____

♥ _____

[적용 3]

작은 여우는 계속 온다. 올해에 여우를 잡아도 내년에는 또 다른 여우가 온다. 내년에도 포도 농사를 하기 때문이다. 해마다 새로운 여우들이 계속 찾아올 때, 포도원 주인은 오히려 자랑스러워해야 한다. 농사를 잘했다는 증거이기 때문이다.

부부간에도 갈등은 계속된다. 서로 사랑하면서 함께 살기 때문이다. 서로 다른 점을 잘못 해석하여 관심이 없다거나 사랑하지 않는다고 판단하면 안 된다. 갈등이 아예 없는 것이 심각한 일이다. 서로에게 관심이 없어졌다는 뜻이다.

아이들이 아프고 난 후에 키가 크는 것처럼 크고 작은 갈등은 부부를 건강하게 한다. 방치하면 위기가 되고 심각한 불화로 이어질 수 있지만 서로 이해하는 기회로 삼고 극복하면 더 친밀한 부부가 된다.

TO DO 1 당신이 혼자 받고 있는 스트레스는 무엇인가?

♥ _____

♥ _____

TO DO 2 갈등이 위기로 넘어가기 전에 해결한 경험을 서로 나누라.

♥ _____

♥ _____

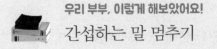

간섭하는 말 멈추기

각자 다른 환경에서 자란 남녀가 만나 행복한 가정을 이루려면 힘써 노력해야 하는 일이 많다. 서로 이해하는 것도, 받아들이는 것도 쉽지 않기 때문이다.

나는 《하나님 부부로 살아가기》를 읽으면서 성경적인 부부생활을 알게 되었다. 사랑하는 아내는 처음 만났을 때처럼 여전히 아름답다. 두 아이를 키워내고 20년이 넘는 세월 동안 시댁의 크고 작은 일을 묵묵히 해내며 어려움을 이겨냈다.

그러나 남편의 가벼운 말 한 마디에 마음이 깨져버리는 아내를 생각하면 가슴이 먹먹할 때가 한두 번이 아니었다. 우리 부부에게 갈등과 위기의 원인이 되는 작은 여우들이 있다. 그것은 서로에게 간섭하는 말이다. 관심과 조언이라고 생각해서 말하지만, 결국 서로의 자존심을 건드리는 상황이 된다.

아내를 다이아몬드 꽃병처럼 소중히 여기고 작은 여우들을 분별력 있게 철저히 잡아내야 가정이 아름답게 지켜진다는 생각에 간섭하는 말을 하지 않기로 했다. 삼각형의 밑면에 있는 남편과 아내가 꼭짓점에 계신 하나님께 가까이 가는 것이 행복한 가정의 기본이며, 갈등을 해결하는 좋은 방법인 것도 알았다.

어느 날, 우리 가정을 보면 결혼하고 싶어진다는 청년들의 이야기를 들었다. 그때 정말 보람되고 행복했다. 하나님이 만드신 작은 공동체인 가정을 세워가는 일이 우리의 사명이라고 생각한다. 모든 부부와 가정이 하나님 안에서 영, 혼, 몸이 건강하고 행복하기를 소원한다.

홍우돈(결혼 23년차)

배우자에게 돌아가는 길,
용서

forgiveness

전날 남편의 실수로 몹시 난감했던 아내와 아무렇지 않게 넘어가려는 남편.

 해맑은 남편

> 오늘, 당신 정말 예쁜데!

부글부글 아내

> 고마워. 당신도 잘하고 있어.
> 강의 듣고 실천하려고 노력하는군!

 해맑은 남편

> 그렇지? 내가 잘하고 있지?

더 부글거리는 아내

> 예쁘다는 말로 넘어가지 말고, 진심
> 으로 미안하다고 사과하면 좋겠네.

해맑은 남편

여보! 무슨 생각을 그렇게 해?

인내 천사 아내

응? 아니야. 커피 마실까?
그냥 내가 먼저 용서하자.
주님, 남편을 용서합니다.

계속 해맑은 남편

여보, 당신 표정이 천사 같네.
당신 최고야!

체념한 아내

오, 주님!

용서를 배우는 학교

부부가 멀어지면 그 어떤 것보다 크고 깊은 상처를 입는다. 그러면 다시 배우자에게 돌아가는 길은 없는가? 상처받은 사랑을 치료하는 방법은 무엇인가? 그것은 '용서'다. 서로 용서하지 않고 함께 살 수 없다. 그래서 용서는 부부에게 피할 수 없는 주제다.

부부 사이의 용서에 대한 질문들을 모아보면 다음과 같다.

"왜 내가 용서해야 하나요?"

"용서가 안 될 때는 어떻게 하죠?"

"용서는 어떻게 하나요?"

"언제까지 용서해야 하나요?"

"용서하면 좋아질까요?"

왜 내가 용서해야 하는가

스티븐 코비의 《성공하는 사람들의 7가지 습관》에 좋은 비유가 나온다. 어떤 사람이 독사에게 물렸다. 그는 '이 독사가 감히 나를 물다니…' 하면서 독사를 잡아 죽이려고 쫓아갔다. 그 결과는 누구나 예상할 수 있다.

독사에게 물리면 빠르게 응급처치를 해야 한다. 그것을 잡아 죽이겠다고 쫓는 시간에 독이 자신의 온몸으로 퍼지면 죽을 수도 있다. 죽지 않으려면 독사를 죽이는 것을 포기해야 한다. 마찬가지로 복수를 버리고 자신을 먼저 치료해야 한다. 이것이 용서를 해야 하는 첫 번째 이유다.

오래전에 내가 하지 않은 어떤 일로 사람들의 오해를 받았다. 고통의 나날이었다. 하소연조차 할 데가 없었다. 주일 예배를 드리면서도 아픈 마음을 달래기가 힘들었다. 그런데 목사님이 설교하시다가 갑자기 이런 말씀을 하셨다.

"자기 가슴에 칼을 품고 있는 사람은 칼을 뽑으세요."

그날의 설교 주제와 전혀 상관없는 말이었다. 저녁에 누워서 그 말씀을 생각했다.

'가슴에 칼을 품고 사는 성도가 어디 있다고 목사님은 그런 말씀을 하셨을까?'

그래도 말씀에 내 자신을 비춰보고자 기도했다.

'주님, 제 마음에 칼이 있나요?'

그때 너무나 선명하게 내 가슴에 품은 복수의 칼날이 보였다.

'주님, 어찌해야 하나요?'

그리고 주님의 음성을 분명하게 들었다.

'네 가슴에 품은 칼을 빼서 내게 주렴.'

나는 너무나 기뻤다. '주님이 내 대신 복수해주시려나 보다'라고 생각했다. 아무런 부작용 없이 그분이 나보다 완벽한 복수를 해주시리라 믿었다.

'주님, 여기 있습니다. 주님께 드릴게요.'

그리고 나는 날마다 기다렸다. 하지만 세월이 가도 나를 모함한 사람은 여전히 잘 살고 있었다. 나는 주님께 여쭈었다.

'주님, 너무 지체하시는 것 아닌가요? 도대체 언제 복수를 해주실 건가요?'

주님이 말씀하셨다.

'네 가슴에 품고 있는 그 칼이 계속 너를 찌르고 있더구나. 그래서 달라고 했단다.'

그 음성을 듣고 나는 주님의 사랑 때문에 많이 울었다. 그리고 그동안 원수처럼 여겼던 그들을 완전히 용서했다. 그러고 나니 내가 살아났다. 내 상처를 치료받고 살기 위해 내가 먼저 용서해야 함을 배웠다.

먼저 용서해야 하는 또 한 가지 이유가 있다. 사람은 실수하고 잘못한다. 인간관계에 어려움이 있다면 나도 어느 정도 잘못했을 가능성이 크다. 예수님은 무고하게 모욕을 당하시고 아무 잘못 없이 죽임을 당하신 유일한 분이다. 하지만 우리는 아니다. 우리가 잘못을 용서받으려면 다른 사람의 잘못을 먼저 용서해야 한다. 용서할 때 용서를 받는다. 결혼은 용서를 배우는 학교다.

너희가 서서 기도할 때에, 어떤 사람과 서로 등진 일이 있으면 용서하여라. 그래야 하늘에 계신 너희 아버지께서도 너희의 잘못을 용서해주실 것이다. 막 11:25 표준새번역

용서가 안 될 때는 어떻게 해야 하는가

갑자기 폭우가 쏟아지고 바람이 거세지는 것처럼 부부관계에서 신의를 저버린 일과 같은 위기가 닥칠 때도 있다. 그때도 배우자에게 돌아가는 길은 열려 있다. 용서다. 그러나 용서하기가 결코 쉽지 않다. 일상생활의 사소한 잘못을 용서하는 일도 쉽지 않은데 하물며 심각한 죄를 용서하기는 얼마나 어렵겠는가!

마음을 다스려서 배우자를 용서하기로 수십 번 결심해도 용서할 힘이 없을 때는 어떻게 해야 할까? 우리 자신의 힘으로는 도저히 용서하기 어려울 때는 어떻게 해야 할까?

먼저 용서할 힘이 내게 없음을 인정해야 한다. 그리고 주님께 내 감정을 다스려달라고 기도해야 한다. 마지막으로 성령의 능력을 구해야 한다.

이 말씀을 하시고 그들을 향하사 숨을 내쉬며 이르시되 성령을 받으라 너희가 누구의 죄든지 사하면 사하여질 것이요 누구의 죄든지 그대로 두면 그대로 있으리라 하시니라 요 20:22,23

부활하신 예수님이 제자들에게 성령을 받으라고 말씀하셨다. 그리고 곧바로 예수님이 말씀하신 내용이 중요하다. 성령을 받으면 어떤 능력이 생기는지 제자들에게 가르쳐주셨다. 그것은 다른 사람의 죄를 용서하는 능력이다.

성령의 능력으로 할 수 있는 일이 많을 텐데, 그 첫 번째가 용서하는 능력이라는 것이 놀랍지 않은가! 그만큼 용서는 어렵고 중요하다. 다른 사람을 용서하기 위해서는 반드시 성령의 능력을 힘입어야 한다. 아무리 생각을 많이 하고 감정을 조절해도 용서가 안 된다면 성령의 능력을 구하라. 용서할 수 있을 때까지 성령의 도우심을 계속 구하라.

제 안에 거하시는 성령님!

제 힘으로는 용서가 안 됩니다. 저를 도와주세요.

주님은 제 왕이십니다. 저를 다스려주소서.

제 생각과 감정과 의지와 말을 다스리소서.

주님께 복종합니다. 용서할 수 있는 힘을 주옵소서.

그리스도인은 예수님이 주인인 사람이다. 예수님 말씀을 믿고 그분이 보내신 성령을 따라 사는 사람이다. 자신의 생각, 의지, 감정, 말과 행동을 온전히 성령께 복종하는 사람이다. 이것이 성령 충만이다. 성령으로 충만하게 다스림 받으면 용서가 된다. 그리스도인은 내 감정대로 반응하는 사람이 아니다. 옛 사람을 버리고 성령의 힘으로 용서하는 사람이다.

용서는 어떻게 하는가

부부는 함께 사는 사람이기에 크고 작은 일로 수없이 부딪힌다. 어떤 관계보다 용서할 일이 많다. 그래서 배우자간에는 용서하는 방법도 중요하다.

• 용서한다고 직접 말하지 말고 마음속으로 용서를 선포하라.

배우자와 사소한 일로 마음이 상할 때가 있다. 그러면 먼저 마음속으로 용서를 선포하라. "남편을 용서합니다", "아내를 용서합니다"라는 말을 배우자에게 직접 하지 말고 먼저 하나님께 고백하라.

상대는 자신이 상처를 줬다는 것을 모를 수 있는데 "여보, 내가 당신을 용서할게"라고 말하면 "내가 뭘 잘못했는데?"라며 황당해할 수 있다. 다툼을 멈추려고 좋은 뜻으로 말했다가 부부싸움 2회전을 맞게 된다. 마음이 상할 때는 혼자 속으로 조용히 용서하는 것이 좋다. 하나님은 그 마음의 소리를 들으신다.

내가 마음속으로 용서하기를 배운 계기가 있다. 어느 날 남편이 화를 냈다. 나는 "왜 내게 화를 내요?"라고 물었다. 그는 내게 화를 낸 것이 아니라며 상황과 일 때문이라고 했다. 또 자기 자신에게 화가 난다고 했다. 자기는 아내에게 화내는 쪼잔한 남자가 아니라면서 화난 목소리로 말했다.

어쩌면 남편의 말이 사실일 것이다. 정말로 내게 화내지 않았을 것이다. 그러나 내 앞에서 화내는 남편으로 인해 내 마음은 상했다. 나는 마음속으로 계속 말했다.

'남편을 용서합니다. 남편을 용서합니다.'

하나님이 내 마음을 들으실 것을 믿고 혼자 고백했더니 불편한 마음이 진정되었다. 시간이 조금 지난 뒤에 또 기도했다.

'하나님, 저와 남편을 용서해주세요. 우리 부부를 불쌍히 여겨주세요.'

그 뒤에 남편이 또 화를 냈다. 내게 화낸 것이 아니라 상황과 환경과 자기 자신에게 화를 냈을 것이다. 어쩌면 꽃과 바람과 날아가는 나비에게 화냈을지도 모른다. 그래도 화내는 남편을 보는 나는 불편하고 불안했다.

하지만 나는 당황하지 않고 속으로 '남편을 용서합니다. 남편을 용서합니다'를 반복하며 그를 위해 커피를 내렸다. 화를 멈춘 남편이 멋쩍은 듯 말했다.

"당신 얼굴 표정이 천사 같네. 내가 왜 이러지? 미안해, 여보!"

나는 남편으로 인해 마음이 상할 때마다 '남편을 용서합니다'를 반복한다. 그러면 내 마음을 먼저 지킬 수 있다. 내 얼굴 표정과 분위기가 나빠지는 것을 막게 된다. 용서는 상한 마음을 치료하는 부부 상비약이다. 가정마다 구급약품이 있듯이 '용서'를 부부 곁에 가까이 두어야 한다.

가정을 허무는 작은 여우를 잡는 방법 가운데 하나는 배우자를 용서하는 일이다. 배우자와 갈등으로 마음이 상하면 관계가 멀어진다. 나중에는 살도 닿기 싫어지고 각방을 쓰며 별거에 들어간다. 너무 멀리 가기 전에 용서해야 한다.

언제까지 용서해야 하는가

그때에 베드로가 나아와 이르되 주여 형제가 내게 죄를 범하면 몇 번이나 용서하여 주리이까 일곱 번까지 하오리이까 예수께서 이르시되 네게 이르노니 일곱 번뿐 아니라 일곱 번을 일흔 번까지라도 할지니라 마 18:21,22

"일곱 번까지 용서하면 어떨까요?"라고 베드로가 말한 것은 예수님께 칭찬받고 싶었기 때문이다. 세 번까지 용서하는 것이 유대인의 관습인데, 일곱 번까지 용서하겠다고 말한 것은 최대한 넓은 마음으로 물어본 것이다. 그러나 예수님은 일곱 번을 일흔 번이라도 용서하라고 하셨다. 끝없이 용서하라는 뜻이다.

용서의 출발선은 선명하게 그어져 있지만 결승선은 없다. 배우자를 용서하는 일은 삶의 습관이 되어야 한다. 계속 꾹 참고 용서하다가 더 이상 용서하기 싫을 때는 예수님의 이 말씀을 기억하자.

"용서에 끝은 없다."

결혼하고 사는 동안 우리는 배우자를 끝없이 용서해야 한다. 처음부터 이 사실을 받아들이면 마음을 관리하는 게 쉽다. 배우자를 용서하는 연습을 해야 한다. 습관이 될 때까지 반복하면 용서하는 일이 어렵지 않다.

용서를 배우는 좋은 방법은 사소한 일로 충돌할 때마다 배우자를 용서한다고 마음속으로 말하는 것이다. 그러면 용서하는 게 습관이 되어 심각한 죄도 용서할 수 있다. 본인의 용서로 배우자가 회개하고 회복된다면 두 사람에게 큰 축복이다.

- 둘 사이의 사소한 갈등과 심각한 죄를 구분하자.
- 사소한 갈등은 쌓아두지 말고 즉시 용서한다고 마음속으로 말하자.
- 심각한 죄는 성령의 능력으로 용서하자.

용서하면 좋아지는가

부부가 서로 용서하면 마음이 하나가 되고 하나가 되면 하나님이 일하신다. 하나님이 보호하시고 축복하신다.

진실로 너희에게 이르노니 무엇이든지 너희가 땅에서 매면 하늘에서도 매일 것이요 무엇이든지 땅에서 풀면 하늘에서도 풀리리라 진실로 다시 너희에게 이르노니 너희 중의 두 사람이 땅에서 합심하여 무엇이든지 구하면 하늘에 계신 내 아버지께서 그들을 위하여 이루게 하시리라 마 18:18,19

베드로와 용서에 대해 대화하시기 직전에 예수님이 이 말씀을 하셨다. 두 사람이 마음을 같이하라. 합심하여 구하면 하나님 아버지께서 기도에 응답하시고 축복하신다. 두 사람 단위의 가장 기본은 부부다. 부부의 마음이 하나가 되면 하나님이 일하신다. 놀라운 변화가 일어난다.

그런데 마태복음 18장은 내용 흐름이 의미가 있다. 두 사람이 하나가 되라고 하시고 용서에 관한 대화와 비유를 이어 말씀하신다. 용서와 마음이 하나 되는 것이 깊은 관계가 있기 때문이다.

인류의 첫 번째 부부에게도 이와 같은 과정이 있었다. 아담은 이름 짓는 사명을 받았다. 그가 부르는 이름이 곧 그 생물의 이름이 되었다(창 2:19). 바벨탑 사건 후에 언어가 나뉘면서 에덴동산에서 사용한 처음 언어가 사라졌다.

아담이 사용한 처음 언어를 우리는 모르지만 모든 부분에서 완전한 언어였다. 각 생물의 특징이 이름 하나에 전부 담겨 있었을 것이다. 이름 짓는 전문가인 아담은 아내의 이름을 '여자'라고 불렀다.

아담이 이르되 이는 내 뼈 중의 뼈요 살 중의 살이라 이것을 남자에게서 취하였은즉 여자라 부르리라 하니라 창 2:23

아담이 아내를 그렇게 불렀기 때문에 창세기 3장에서 '여자'라는 이름이 등장한다. 뱀이 여자에게 말하고, 여자가 뱀에게 대답하고, 여자가 동산 중앙에 있는 나무를 보고, 여자가 그 열매를 따서 먹고 남편에게 주었다(창 3:1-6). 그리고 그들은 자기들이 벗은 것을 알고 무화과나무로 옷을 만들어 입었다.

하나님이 찾아오셨을 때, 그들은 숨었다. 하나님이 그 나무 열매를 왜 먹었느냐고 아담에게 물으셨다. 아담은 여자 때문이라고 자기 아내에게 책임을 전가했다. 여자는 뱀의 유혹 때문이라고 핑계했다.

인류 첫 부부는 죄의 대가로 벌을 받았다. 여자도 아담도 땅도 저주를 받았다. 가장 무서운 대가는 죽음이었다. 죄의 결과로 사람은 반드시 죽게 되었다. 아담은 아내로 인해 죽게 되었다.

너는 흙이니 흙으로 돌아갈 것이니라 하시니라 창 3:19

흙으로 돌아간다는 것은 죽는다는 뜻이다. 죽음으로 그날의 비극이 마무리된 듯했다. 그러나 그것이 끝이 아니었다.

여호와 하나님이 아담과 그의 아내를 위하여 가죽옷을 지어 입히시니라 창 3:21

죽음을 선고받은 아담과 여자를 위해 하나님이 희생을 치르셨다. 손수 창조하신 사랑스런 동물을 죽였다. 사람을 위한 최초의 구속제물이다. 피 흘림이 있어야 죄가 사해지는 구속의 원리를 적용했다. 이는 하나님이 그들을 용서하셨다는 뜻이다. 그리고 그 동물의 가죽으로 아담과 여자를 위해 손수 옷을 만드셨다. 가죽옷은 하나님이 그들을 보호하신다는 뜻이다.

창세기 3장은 대하드라마다. 죄와 벌 그리고 용서와 보호가 이어진다. 죄와 벌을 받은 내용이 19절로 끝나는 전반전이라면 21절부터 하나님의 용서와 보호가 있는 후반전이 시작된다. 벌을 주신 하나님이 용서하셨다. 하나님이 용서하시고 보호하신 이유가 있다.

전반전과 후반전 사이에 중요한 사건이 있다. 아담이 먼저 아내를 용서했다. 그다음에 하나님이 그들을 용서하신다. 아담이 먼저 아내를 축복한다. 그 뒤 하나님이 그들을 축복하신다. 아담이 아내를 용서하고 축복한 일을 어떻게 알 수 있는가? 이름을 짓는 사람인 아담은 그 사명과 은사를 사용해서 아내의 이름을 다시 부른다. '여자'인 아내를 '하와'라고 바꿔 부른다.

아담이 그의 아내의 이름을 하와라 불렀으니 그는 모든 산 자의 어머니가 됨이러라 창 3:20

아담이 자기 아내를 그렇게 부른 이유가 있다. 하와는 '생명의 어머니'라는 뜻이다. 아담이 아내의 이름을 새롭게 부르기 전에 그들은 죽음에 대한 선고를 받았다. 죽음에 대한 두려움이 그들을 덮쳤다. 그때 아담은 생명을 선포한다. 자기 아내 이름을 생명의 어미로 바꾸어준다.

생명은 죽음을 이긴다. 아담이 하와라고 부른 의미는 특별하다. '우리는 이제 죽게 되겠지만 당신을 통해서 새로운 생명이 태어나니 괜찮다'라는 위로와 격려의 말이다. 그 이전까지는 사실을 중심으로 아내 때문에 죄를 지었다고 비난하던 그가 비로소 회개하고 아내를 용서하고 축복한다.

첫 사람 아담과 그의 아내가 서로 비난할 때는 벌을 받았다. 그러나 서로 용서하고 축복하자 하나님도 용서하시고 복을 주셨다. 우리가 용서하면 하나님이 용서하신다. 하나님은 전능하신 분이시다. 우리의 용서와 관계없이 일하실 수 있다. 그러나 우리가 먼저 용서의 문을 열도록 기다리신다. 우리에게 문제를 돌이키고 스스로 회복할 기회를 주신다.

부부가 서로 용서하면 진정한 변화가 일어난다. 배우자를 용서하면 내가 회개할 것이 보인다. 비난하고 공격할 때는 보이지 않던 내 잘못이 비로소 보인다. 그러다 보면 서로를 불쌍히 여기는 마음이 생긴다. 둘 다 불쌍한 사람들이니 서로 의지하고 사랑하며 행복하게 살자는 고백이 나온다. 그렇게 용서하는 부부는 더 친밀해진다. 용서하며 사는 부부를 위해 하나님이 일하시기 때문이다.

부모가 서로를 용서하는 모범을 보이면 자녀에게도 큰 축복이 된다. 용서하고 축복하는 분위기가 가정의 좋은 전통이 되어야 한다. 나이가 많으신 부모님이 서로 용서하지 않고 오히려 배우자의 잘못을 자녀에게 계속 이야기하는 가정이 있었다.

"너희 아버지가 어떻게 했는지 아니? 그때 내가 얼마나 힘들었는지 알아? 내가 참았으니까 그 정도로 끝났어. 너희 아버지가 어떻게 그럴 수가 있냐?"

이런 소리를 듣고 자란 자녀는 남편을 원망하는 엄마의 목소리가 평생 자기를 따라다니는 것 같다. 아빠를 생각하면 엄마의 원망 소리가 먼저 생각났다. '너희 아버지가…' 하는 엄마 소리가 환청처럼 계속 들렸다. 자기도 엄마처럼 될 것 같아서 그녀는 결혼을 두려워했다. 좋은 가정을 이룰 자신이 없었다.

만약 엄마가 남편을 용서하고 축복했다면 그 자녀도 부모님을 자랑스러워하고 결혼과 가정에 대한 소망을 품었을 것이다. 지금이라도 배우자를 용서해야 온 가정에 축복이 임한다.

[적용 1]

누군가를 용서하라고 쉽게 말할 수 없다. 더구나 배우자를 용서하라는 말은 더욱 어렵다. 이 세상의 그 많은 사람 중에서 오직 한 사람을 믿고 살았는데, 그에게 상처를 받으면 누구라도 견디기 어렵다. 그러나 예수님은 우리에게 다른 사람을 용서하라고 말씀하신다. 주기도문의 핵심 내용 중 하나가 용서다.

> 우리가 우리에게 죄 지은 모든 사람을 용서하오니 우리 죄도 사하여 주시옵고 우리를 시험에 들게 하지 마시옵소서 하라 눅 11:4

우리를 지키려고 예수님은 용서를 말씀하셨다. 용서하지 않으면 시험에 든다. 또한 예수님은 용서를 말씀하실 자격이 있으시다. 그분은 자신의 얼굴에 침을 뱉는 자, 욕을 하고 뺨을 때리는 자, 오해하는 자, 뒤에서 수군수군하는 자, 거짓말을 퍼뜨리는 자, 자신을 배신한 자를 용서했다. 또 무고하게 거짓 증거하는 자, 모독하는 자, 죽인 자를 용서하셨다.

예수님한테 용서받지 않은 사람은 없다. 용서의 본을 보이신 그분이 우리에게도 용서를 말씀하시는 이유가 무엇인가? 다른 사람을 용서해야 나도 용서받기 때문이다. 배우자를 용서해야 우리 부부가 용서받는다.

TO DO 1 용서해야 하는 두 가지 이유를 기억하고 실천해보라.

● 내가 살기 위해서 나와 가까이 있는 사람을 용서해야 한다.

잠언 19장 11절을 쓰고 큰 소리로 읽어보지.

_____

_____

● 다른 사람을 용서해야 나도 용서받기 때문이다.

마태복음 6장 14,15절을 쓰고 배우자에게 읽어주라.

_____

_____

_____

_____

[적용 2]

예수님이 베드로에게 용서를 가르쳐주시고 곧바로 비유를 말씀하셨다. 주인으로부터 큰 빚을 탕감받았지만, 동료에게 빌려준 작은 빚을 탕감해주지 않은 종에 대한 내용이다(마 18:23-35). 예수님은 빚을 탕감하는 것과 용서가 같다고 말씀하셨다. 빚을 탕감하는 것은 손해를 감수하는 일이다. 용서는 손해다. 그것을 감수하는 일이 용서다. 예수님은 우리를 위해 큰 손해를 보셨다. 우리를 용서하기 위해 자신의 생명을 대가로 지불하셨다. 배신도 당하고 생명도 지불했다. 예수님이 하신 용서를 생각하면 우리가 하는 용서는 지극히 작은 일이다. 그분께 용서받았다는 사실을 믿으면 배우자를 계속 용서할 수 있다. 내가 아무리 손해를 보아도 내가 탕감받은 것과는 비교가 되지 않는다.

TO DO 1 에베소서 4장 32절을 써보라.

_____

_____

TO DO 2 예수님의 용서를 받아본 사람이 배우자를 용서할 수 있다. 예수께 용서받은 일을 간증해보라.

[적용 3]

내가 마음속으로 남편을 용서하는 또 다른 이유가 있다. 내 마음을 먼저 지켜야 하기 때문이다. 생명의 근원인 마음을 먼저 지키라고 잠언이 말한다(잠 4:23). 상대방의 마음은 내가 지킬 수 없어도, 내 마음을 지키는 것은 내 책임이다. 마음은 감정과 연결된다. '용서한다'라고 마음속으로 말하면 감정이 다스려진다.

아내들은 누구나 남편 가까이에 있고 싶다. 멀어지고 싶지 않다. 그러나 감정이 상하면 남편과 멀어지게 되고 깊은 외로움을 느낀다. 미혼 시절의 외로움보다 결혼 후에 느끼는 외로움이 더 아프다. 미혼의 외로움은 나 혼자 견디면 되지만, 결혼한 아내의 외로움은 그대로 자녀에게 흘러간다. 그것만은 막고 싶어서 나는 마음을 지키려고 말씀 치료약을 먹는다.

TO DO 1 잠언 4장 23절을 쓰고 암송하라.

_____

_____

_____

TO DO 2 요한복음 20장 22,23절을 쓰고 묵상하라.

_____

_____

_____

_____

_____

TO DO 3 마음속으로 배우자를 용서하는 연습을 하라.

[적용 4]

예수님은 성경에서 일곱 번을 일흔 번까지라도 용서하라고 하셨다. 490번은 수학 계산이 아닌 끝없는 용서를 말한다. 사람이 살면서 그 정도로 용서해야 하는 사람은 흔치 않다. 그렇다고 아예 없는 것도 아니다. 만약 누군가를 490번 이상 용서해야 한다면 배우자일 가능성이 가장 크다.

TO DO 1 마태복음 18장 21,22절을 써보라.

_____

_____

_____

_____

_____

TO DO 2 배우자를 용서해야 할 일들을 연필로 모두 적으라.

_____

_____

_____

_____

TO DO 3 하나씩 용서를 선포하고 지우개로 깨끗이 지우라.

[적용 5]

다른 많은 것을 용서하지만 이것만큼은 용서하지 못한다는 사람이 있다. 그것을 용서하면 하나님이 더욱 보호하시고 도와주신다. 아담이 아내를 하와라고 부르면서 축복한 것처럼 배우자를 용서하고 축복하라. 진심으로 축복하면 용서가 완성된다.

TO DO 1 함께 용서하는 기도를 해보자.

남편(아내)을 용서합니다.
나를 용서해주세요.
우리 부부를 용서해주세요.
남편(아내)을 축복합니다.
우리 가정을 지켜주세요.

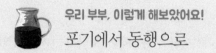

우리 부부, 이렇게 해보았어요!

포기에서 동행으로

《하나님 부부로 살아가기》를 읽으면서도 참 많은 감동과 위로를 받았는데, 두 분이 CBS에서 부부 특강을 하신다기에 매주 빼놓지 않고 시청했다. 두 분의 삶이 너무나 높고 깊어 한 치나 따라갈 수 있을까 싶어서 포기하고 싶은 마음이 들기도 했다.

하지만 끝날 때마다 주시는 과제를 잊지 않고 조금씩 실천해 보면서 우리 부부의 문제도 실마리가 풀리기 시작했다. 그것은 남편을 인정하는 내 말 한 마디로 시작되었다. 남편은 내가 보낸 "참 고맙고 잘했습니다"라는 문자와 이모티콘을 보고 너무나 행복했다고 말했다. 그동안 무심했던 내 모습을 반성케 했다.

또한 내가 노력하고 싶은 마음도 없었다는 사실을 발견했다. 결혼 8년 차쯤에 권태기가 왔는데 혼자 몸부림치다 안 되니, 더 이상 남편을 사랑하거나 관계를 개선하고 싶지 않았다. 그런데 '부부 용서'와 '부부 친밀함'에 대한 강의가 전환점이 되었다.

방송을 보기 불과 2,3주 전에는 '위기'라고 느꼈던 것이 '용서'라는 약을 먹고 났더니, 놀랍게도 남편의 말을 들을 때 자꾸 웃음이 났다. 그리고 다시 노력하고 싶은 겸손한 태도를 가지게 되었고 그간 노력하고 변해온 남편의 모습도 새롭게 보였다. 지금은 그와 동행하며 다시 행복을 찾았다. **리브가**(결혼 11년차)

9강

친밀함 키우기

intimacy

함께 사진을 보고 있는 부부.

깜짝 감동 아내

> 와, 이번 사진들은 모두 다 멋지다!
> 당신 완전 사진작가 같아!

무한 행복 남편

> 응, 이번 사진들은 나도 마음에 들어. 자꾸 찍
> 으니까 느는 것 같기도 하고. 그런데 카메라를
> 빨리 돌려줘야 해서 많이 못 찍는 게 아쉽네.

며칠 후 아내가 상기된 표정으로 남편을 부르더니,
몰래 준비한 선물상자를 내민다.

깜짝 감동 아내

> 여보, 이거!

무한 행복 남편

엇, 이게 뭐야?
내가 갖고 싶었던 카메라잖아?

깜짝 감동 아내

이제 사진 마음껏 찍어.

무한 행복 남편

이 비싼 걸 어떻게?

깜짝 감동 아내

아이들 돌 반지를 다 팔았어.
내게는 아이들보다 당신이 우선이야.

무한 행복 남편

야, 정말 감동이네. 최고의 미녀 아내
사진부터 찍어야겠네. 고마워!

방송 강의 듣기
갓피플TV 패밀리타임(familytime.godpeople.com)
9강 친밀함 키우기 _ 홍장빈

견고한 부부가 되려면

하나님은 사람을 영과 혼과 몸으로 만들었다. 영, 혼, 육이 모두 건강해야 온전한 사람이다. 영적으로 충만해도 정서적인 기쁨이 없으면 행복하지 않다. 또 몸은 건강한데 영적 충만함이 없다면 정상적인 그리스도인이 아니다. 삼각대의 세 다리가 견고하게 서 있는 것처럼 모두 건강해야 한다.

평강의 하나님이 친히 너희를 온전히 거룩하게 하시고 또 너희의 온 영과 혼과 몸이 우리 주 예수 그리스도께서 강림하실 때에 흠 없게 보전되기를 원하노라 살전 5:23

이를 부부관계에 적용할 방법을 알아보자.

영적 친밀감

영(spirit)은 신앙과 종교의 영역이고 세계관과 가치관의 뿌리다. 부부가 신앙생활을 함께하면 영적으로 친밀한 부부가 된다. 우리 부부가 이를 위해 사용하는 방법이 있다.

- 부부 예배를 드린다.
- 같은 본문으로 말씀을 묵상하고 나눈다.
- 손잡고 기도한다.

결혼하고 20년 동안 '부부 예배'의 중요성을 알지 못했다. 이 단어
조차 듣지 못했다. 가족의 시간에 아이들과 가정 예배를 드리는 것
으로 만족했다. 사역으로 바빠서 집에 있는 시간이 많지 않았고 선
교단체 간사로서 참석하는 예배가 많아서 집에 오면 쉬려고 했다.

그러다가 2013년부터 부부 예배를 드리기 시작했다. 그 이후 맞
이한 변화와 열매는 놀라웠다. 우리는 새로운 차원의 영적 친밀감
을 경험했다. 교회의 공예배, 선교단체의 예배, 아이들과 함께 드린
가정 예배 등 많은 예배가 있었지만, 부부 예배는 우리에게 영적 충
만함을 주었다. 우리 부부의 삶과 사역은 '부부 예배' 이전과 이후
로 확연하게 구분된다. 만약 결혼 초로 돌아간다면 가장 먼저 부부
예배를 드리기 시작할 것이다.

우리는 하나님 앞에 예배자로 서 있어야 한다. 모든 예배는 하나
님께 드리는 것이지만 그 종류는 다양하다. 예배를 성실하게 드리
면 하나님이 그 예배의 성격에 맞는 은혜를 주신다.

교회 예배는 성도로서 공동체 소속감을 갖게 한다. 가정 예배는 자녀에게 신앙 교육이 된다. 부부 예배는 부부의 영적 친밀감을 선물로 받는다. 우리는 부부 예배 시간에 묵상한 성경말씀을 나눈다. 서로에게 가르치거나 주장하지 않고 영적 동반자로서 하나님이 말씀하신 내용을 나눈다. 남편과 아내의 역할에 맞게 하나님은 정확하게 말씀하신다. 서로 묵상을 나누다 보면 부부로서 한 방향을 바라보게 된다.

부부가 영적 친밀감을 갖도록 도와주는 쉬운 방법이 또 있다. 손을 잡고 기도하는 것이다. 우리는 결혼한 이후부터 지금까지 계속 잠을 자기 전에 손잡고 기도한다. 아이들을 한 명씩 축복하고 가정의 필요를 구한다.

목회자 세미나에서 손잡고 기도하기를 소개하고 적용 시간을 가졌는데, 강의가 끝나고 사모님 한 분이 찾아오셨다. 결혼 30년 동안 남편과 손을 잡고 기도한 것이 처음이라고 했다. "이렇게 좋은 것을 왜 지금 시작했는지 아쉬워요"라고 하면서 천국에 갈 때까지 남편과 함께 두 손을 꼭 잡고 기도하겠다고 말했다.

영적 친밀감이 중요한 것은 알지만 배우자의 신앙 정도가 다른 경우가 있다. 또 한쪽 배우자가 예수님을 믿지 않는 부부도 있다. 하지만 너무 조급해 하지 말라. 배우자와 영적 친밀감을 당장 기대하기가 어려우면 다음을 위해 남겨두라. 천천히 기다리면서 정서적 친밀감과 몸의 친밀감을 위해 먼저 노력하면 된다.

정서적인 친밀감

성경이 말하는 혼(soul)은 마음을 뜻한다. 이 마음에서 감정이 일어나고 여러 종류의 감정이 한 사람의 정서를 만든다. 배우자가 내 감정을 이해하고 관심을 가져주면 외로움이 없어져 진정으로 한 몸이 된다. 부부는 마음이 통하고 정서적인 친밀감이 있어야 한다. 결혼은 마음이 하나가 되는 것이다.

그 어떤 친밀감보다 정서적인 친밀감이 더 중요하다. 행복과 불행을 느끼는 감정은 대부분 혼의 영역과 관련이 있다. 결혼의 연차가 오래될수록 서로의 정서적 만족감에 관심이 있어야 한다. 배우자의 정서를 이해하는 좋은 방법은 어린 시절과 청소년 기간에 무엇을 좋아했는지를 아는 것이다. 이것이 배우자의 정서를 대표하는 핵심단어다.

나를 행복하게 하는 핵심단어는 '여행과 영화'다. 여행을 가거나 영화를 보면 정서가 안정되고 풀린다. 여행을 좋아하는 이유는 청소년 시절의 꿈이었기 때문이다. 나는 청소년기를 주경야독하면서 여유 없이 보냈다. 그래서 내가 있는 곳을 벗어나 여행을 가고 싶다는 생각을 늘 했다. 특히 세계 여행을 꿈꾸었다.

그러나 여행을 갈 수 있는 현실이 아니었기에 《김찬삼의 세계여행》을 읽으면서 마음을 달랬다. 언젠가 기회가 되면 마음껏 돌아다니고 싶었다. 여행을 가지 못했던 그 시절의 유일한 기쁨은 영화를 보는 것이었다. 서울 종로3가에 있는 피카디리 극장은 내 고달픈 삶의 탈출구였다.

아내의 정서적 핵심단어는 '옥수수와 쑥'이다. 아내는 고등학교 때부터 집을 떠나 다른 도시에 살았다. 그러다 방학이 되어 집에 가면 엄마가 옥수수를 삶아주셨다. 텃밭에서 금방 따서 삶은 향긋한 옥수수는 아내의 청소년 시절을 대표하는 상징이다. 타향에서 공부하면서 힘들 때마다 집에 가면 엄마와 옥수수가 있다는 생각으로 외로움을 달랬다. 옥수수를 먹고 엄마와 쑥을 뜯어서 쑥떡을 만들었다.

결혼 후 나는 아내와 자주 여행을 한다. 국제 선교단체 간사로서 감당하는 사역의 일부분이지만 청소년 시절에 내가 꿈꾸던 꿈이기도 하다. 그것을 아내와 이루고 있다. 나는 여행을 갈 만한 각종 이유를 만들어 실행에 옮긴다. 또 영화도 자주 본다. 아내는 여행보다는 집에 있는 것을 좋아한다. 영화보다는 책을 좋아한다. 다만 여행을 좋아하는 남편을 이해하고 영화를 보고 싶어 하는 내 옆에 앉아 있어 준다.

나는 여름이 가까이 오면 옥수수를 산다. 운전 중에도 길가에 옥수수가 보이면 차를 멈춘다. 엄마를 향한 아내의 그리움을 이해하려고 노력한다. 봄에는 가까운 포구에서 함께 쑥을 뜯는다. 배우자가 서로의 정서를 채워주려고 노력하면 마음이 따뜻해져 더욱 친밀한 부부가 된다.

누구든지 결혼하면서 포기한 것이 있다. 결혼과 동시에 끝났다고 생각해서 그것들을 마음의 골방에 넣고 문을 닫는다. 그러나 그 문이 잘 닫히지 않는다. 특히 인생이 힘들고 지치면 문이 흔들린다. 그 문 뒤로 조금씩 보이기 시작한다. 나를 오랫동안 행복하게 했던 그 일들이 먼지를 뒤집어쓰고 닫히지 않는 문 뒤에 있다. 그것을 꺼내라.

오토바이, LP와 CD 음반, 여행, 공예품, 사진과 만화, 그림, 뮤직 콘서트 등. 배우자가 행복해 하는 일이라면 지지하고 함께하라. 특히 청소년기에 하고 싶었던 일이 있는지 서로에게 질문하라. 그 시절에는 생각만 해도 행복했던 그 무엇이 있었다.

그것을 배우자와 이야기하면서 가능한 것부터 시작하라. 지금 당장 어려운 일은 다음을 위해 남겨두라. 사람은 영과 혼과 몸으로 이루어졌고 그중에서도 정서는 우리를 행복하게 하는 소중한 부분이다.

하나님은 우리가 행복하게 살기를 원하신다. 서로의 정서를 이해하고 함께할 때, 결혼을 잘했다는 생각이 든다. 정서적으로 친밀한, 진정한 부부가 된다.

몸의 친밀감

몸의 친밀감은 친밀한 부부의 완성이다. 부부에게 성관계는 중요하다. 이를 위한 기본 지식이 있어야 한다.

첫째, 건강한 성생활에 대해 기독교인이 쓴 책을 부부가 함께 공부한다.

3강에서 장소에 맞는 대화의 중요성을 배웠다. 거실과 침실의 대화를 구분한다고 했는데, 침실의 대화로 좋은 내용은 무엇인가? 부부의 성생활에 대한 이야기를 해보라. 그러나 아무리 부부라 하더라도 갑자기 성에 관련된 이야기를 하기란 쉽지 않다.

부부가 함께 책으로 공부하면 자연스럽게 말문이 열린다. 우리 부부에게 이를 도와준 두 권의 책이 있다. 팀 라헤이의 《결혼행전》과 잉그릿 트로비쉬의 《여성이 된 기쁨》이다.

우리는 책을 함께 읽고 차례 내용에 맞춰 대화하면서 부부의 성을 바르게 배웠다. 영화와 드라마 또는 소설에 등장하는 성관계는 대부분 연출이고 현실성이 떨어지는 이야기다. 부부의 실제 성생활과 다른 경우가 많다. 기대만 높아져서 좌절감을 갖게 한다.

남편이 갑자기 충동적으로 성관계를 요구하면 아내들은 대부분 거부감을 갖는다. 아내는 육아와 직장 일로 지쳐서 남편보다 몇 배 더 피곤하다. 몸이 피곤하고 마음의 여유가 없어서 거절하는 경우가 많다. 그러면 남편들은 오해한다. 아내가 자기에게 관심이 없고 자신을 거절한다고 생각한다.

남편들도 일로 인한 스트레스가 심해지고 몸이 약해지면 성기능이 급격하게 떨어진다. 남자들의 성기능 장애는 대부분 심리적인 원인이 많아서 부부가 열린 대화를 하면서 노력하면 대부분 극복할 수 있다. 부부의 성생활에 대한 다양한 이야기가 두 권의 책에 잘 정리되어 있다.

또 우리 부부만의 특별한 상황에 맞는 이야기를 《하나님 부부로 살아가기》의 7장 '임은 나의 것, 나는 임의 것'에서 소개했다. 성과 관련된 내용을 부모님이나 지인에게 물어보기도 쉽지 않기에 책으로 공부하는 게 큰 도움이 된다.

둘째, 결혼 연차나 형편에 맞게 성관계의 방법과 횟수를 정한다.

준비한 만큼 좋은 결과가 있는 것은 모든 일의 기본이다. 부부의 행복한 성관계를 위해서도 마찬가지다. 부부가 각자의 일정을 참고해서 '부부 사랑의 날'을 한 달 정도 미리 정한다. 적당한 시간과 장소까지 결정하면 그만큼 준비할 수 있다. 당연히 좋은 결과가 있다.

내 사랑하는 자는 내게 속하였고 나는 그에게 속하였도다 아 2:16

내 몸이 배우자에게 속했다는 사실을 잊지 말아야 한다. 이는 성경적 원칙이다. 아가서의 이 본문은 "나는 임의 것! 임은 나의 것!"이라고 아름다운 한국어로 번역된 성경도 있다. 무조건 요구하거나 거절하지 말고 서로 의사를 존중하면서 부부가 한 몸 되기를 힘쓰라는 말씀이다. 이를 잘 지키는 좋은 방법 가운데 하나가 미리 '부부 사랑의 날'을 정하는 것이다.

셋째, 본능을 따르되 절제를 배운다.

부부가 몸의 친밀감을 높이는 좋은 방법 가운데 하나는 교차로의 신호등을 생각하는 일이다. 신호등은 녹색, 적색 그리고 황색등이 있다. 좌회전 방향 표시가 있는 신호등도 있다. 신호등을 지키면 교차로의 사고 가능성이 급격하게 줄어든다. 녹색이나 적색등의 역할은 명확하다. 직진으로 달리거나 멈추어야 한다.

마찬가지로 하나님은 우리에게 성적인 본능과 양심을 주셨다. 부부 안에서 본능을 충실하게 따르는 것은 잘못이 아니라 오히려 건강한 삶이다. 따라서 본능이 쇠퇴하지 않게 해야 한다. 성생활에 대한 본능은 하나님이 모든 부부에게 주신 선물이어서 녹색 신호를 따르듯 잘 누려야 한다.

그러나 본능은 양심으로 조절해야 한다. 교차로의 모든 방향으로 녹색등이 켜지지 않는다. 어느 한쪽은 적색등이 켜져 있다. 성관계는 부부 안에서 허락된 은밀한 일이다. 자신의 배우자가 아닌 이성에게는 절대 금지된 일이다. 적색등이 켜지면 달리는 자동차를 멈춰야 한다. 제동장치가 작동하도록 브레이크 페달을 밟아야 한다.

넷째, 부부의 성생활을 지키는 방법은 양심의 신호를 따르는 것이다.
아담과 하와 이후로 부부들은 성관계를 잘해왔다. 그것을 어떻게 알 수 있는가? 사람들이 계속 태어난 것이 그 증거다. 대부분의 사람은 이성에게 끌리도록 만들어졌다. 하나님이 모든 사람에게 본능을 주셨기 때문이다. 그러나 육체적 본능만 따라 살면 안 된다.

차에는 가속페달과 제동장치가 있다. 이 두 가지 기능을 적절하게 사용해야 안전하게 운전할 수 있다. 양심은 교차로의 황색등과 같은 기능을 한다. 황색등은 다음 신호를 예상하면서 속도를 줄이라는 신호등이다. 대부분 교차로 교통사고는 황색등을 지키지 않기 때문에 일어난다.

배우자가 아닌 다른 이성을 향해 잘못된 성 충동이 일어나면 양심이 신호를 보낸다. 그 신호를 반드시 따라야 한다. 양심은 영적인 영역이다. 성경을 읽고 기도할 때 발달한다. 그래서 영적 충만이 건강하고 안전한 성생활을 보장한다.

다섯째, 부부의 성생활을 방해하는 것을 없앤다.

부부의 성생활을 방해하는 대표적인 것은 결혼 이전의 잘못된 성경험이다. 혼전 성관계의 죄책감은 배우자와의 올바른 성생활을 즐기지 못하게 방해한다. 그것을 해결하는 방법이 있다.

먼저 하나님께 죄를 고백하고 회개한다. 불순종했기 때문이다. 성령께서 양심을 통해 신호를 보냈는데, 본인이 무시한 까닭이다. 그 죄를 하나님 앞에서 인정하고 명확하게 회개해야 한다. 그다음에는 죄를 지은 상대방에게 사과하고 용서를 구해야 한다.

물론 죄를 지은 상대방에게 사과하는 경우는 신중해야 한다. 그 상대방이 현재의 배우자라면 서로에게 용서를 구하면 된다. 그때도 양심의 신호등이 분명하게 들어왔는데, 그것을 무시하고 서로를 지켜주지 않았기 때문이다.

그러나 죄를 지은 상대가 현재의 배우자가 아니라면 그 사실을 배우자에게 고백할 필요는 없다. 모든 사실을 알리는 것이 사랑이 아니다. 오히려 불필요한 일을 알면 마음이 상한다. 자신을 만나기 이전 일로 마음을 불편하게 하고 상처를 받게 하는 것은 배우자를 위한 배려가 아니다.

그러나 죄를 지은 상대방에게는 진심으로 사과해야 한다. 그 일로 다시 만날 필요는 없다. 사과하고 용서를 구하는 마음을 가능한 방법으로 전달하고 진심으로 축복하고 완전히 떠나보내야 한다. 현재의 배우자를 사랑하면서 친밀하게 사는 것이 회개에 합당한 열매다.

[적용 1]

영, 혼, 몸은 서로 다른 영역이다. 다른 방이 세 개 있다고 생각해야 한다. 영적 친밀감이 몸의 만족을 대신하지 않는다. 영은 영이고 몸은 몸이다. 또한 영과 몸의 필요가 채워졌다고 혼의 영역이 저절로 채워지지 않는다. 육체적 관계가 잘되어도 정서적 행복감이 없으면 온전하지 않다. 영, 혼, 몸은 서로 다른 영역이다. 각 영역이 모두 채워지는 친밀한 부부가 되자. 이 세상에는 외롭고 상한 마음으로 사는 부부가 많다. 그리스도인으로서 친밀한 부부의 모습을 세상에 보여줘야 한다.

TO DO 1 아래의 세 가지 주제로 부부끼리 또는 함께 공부하는 이들과 대화해보라.

● 영, 혼, 몸은 서로 다른 방과 같다.

● 각 방을 여는 열쇠도 다르다.

● 영, 혼, 몸의 모든 영역에서 친밀해야 한다.

부부 예배의 순서와 내용은 각 부부에게 맞게 결정하면 된다. 우리가 드린 부부 예배는 단순하다. 성령께서 우리 부부에게 오시도록 성령을 구하는 기도를 하고, 찬송을 두 곡 부르고, 그날 아침에 읽은 성경 묵상을 나눈다. 사역을 위해 기도한 다음, 《세계기도정보》의 순서에 따라 선교현장을 위해 기도하고 마친다.

순서나 내용보다 부부 두 사람이 하나님 앞에 예배자로 서 있다는 사실이 중요하다. 이 책을 공부하는 모든 부부에게 우선권을 갖고 부부 예배를 시작하기를 권한다. 구체적인 방법은 형편에 맞게 결정하면 된다. 떨어져 있다면 온라인으로 부부 예배를 드려라. 예배의 등불이 꺼지지 않는 것이 중요하다.

뿌리 깊은 나무가 바람에 흔들리지 않는 것처럼 영적 친밀감의 뿌리가 내리면 어떤 일에도 흔들리지 않는다. 손을 잡고 기도하면 영적 친밀감이 시작되고, 부부 예배를 드리면 그 친밀감이 깊어진다.

TO DO 1 영적으로 친밀한 부부가 되기 위해 부부 예배 시간과 방법을 정하자.

TO DO 2 언제 배우자와 손잡고 기도하고 싶은지 나눠보라.

[적용 3]

배우자의 정서적 만족을 가정의 어떤 일보다 우선시해야 한다. 심지어 자녀들의 온갖 필요보다 배우자의 정서적 필요를 우선시하는 부부는 서로를 소중히 여기고 감사하게 한다. 정서적 친밀감은 영적 친밀감이나 육체적 친밀감보다 더 힘이 있다. 정서가 채워지면 서로에게 더 여유를 갖는다. 정서적 친밀감은 행복한 부부생활의 동력이다.

TO DO 1 정서적으로 친밀한 부부가 되기 위해 배우자의 어린 시절 또는 청소년 시기에 하고 싶었던 일이 무엇인지 물어보라.

TO DO 2 현재 배우자의 정서적 필요는 무엇인지 알아보라.

TO DO 3 정서적 필요를 채워주는 한 가지 일을 정하라.

[적용 4]

부부의 건강한 성생활을 방해하는 요소도 많다. 일이 너무 많아서 피곤하거나 자녀들이 어려서 부부만의 시간을 보내기가 쉽지 않은 경우도 있다. 임신 말기와 출산 직후에도 정상적인 성행위가 힘들다. 부부의 성관계는 몸의 친밀감의 핵심이다. 방해가 많지만 방법도 많다. 각자 맞는 방법을 찾으면 된다.

TO DO 1 부부의 친밀한 성생활을 위한 주제로 대화하기 위해 성생활에 대해 당신 부부가 함께 공부할 책 제목은 무엇인가?

TO DO 2 당신 부부의 결혼 연차나 형편에 맞는 성관계 횟수를 의논해 보라.

TO DO 3 부부 사랑의 날을 결정하라.

TO DO 4 본능을 따르고 절제를 배운다는 뜻은 무엇인가?

TO DO 5 부부의 건강한 성생활을 방해하는 것은 없는가?

TO DO 6 방해 요소가 많다면 해결 방법도 많다. 부부가 함께 찾아 적어보라.

_____

_____

_____

_____

[적용 5]

본능의 또 다른 말은 '충동'이다. 본능을 조절하지 않고 충동적으로 살면 사고가 난다. 그러나 본능을 잘 관리하면 삶의 활력이 된다. 부부가 미리 약속한 날이 아닌데도 성욕이 일어날 수 있다. 그때는 무조건 거절하거나 비방하지 말고 서로에게 소망을 주는 이야기를 해야 한다.
특히 임신 말기나 출산 직후, 아내의 생리 기간 등 정상적인 성관계가 불가능할 때가 있다. 앞으로 더 좋은 날이 올 것이라고 말하면서 소망의 불을 끄지 말아야 한다. 다음을 위하여 성 에너지를 비축하는 기간으로 삼으면 부부의 친밀함을 유지할 수 있다.

TO DO 1 부부관계를 지키기 위해 반드시 해야 하는 대화, 임신 기간과 생리 기간의 성생활에 대하여 의논하라.

TO DO 2 출산 직후에는 어떻게 할 것인지 말해보라.

TO DO 3 부부가 성생활을 할 수 없는 환경이라면 어떤 방법을 찾을지 생각해보라.

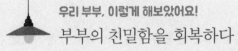

우리 부부, 이렇게 해보았어요!

부부의 친밀함을 회복하다

결혼 8년차이며 일곱 살, 다섯 살, 세 살 아이를 키우고 있다. 남편의 온유한 성품 덕분에 지금까지 싸움을 해본 적이 없다. 서운한 일이 생기면 내가 가끔 삐치기도 했지만 '아이를 낳고 살다 보면 다 그런 거겠지'라고 생각하며 '중년이 되면 남편과 다시 친밀해질 수 있을 거야'라고 미래의 낙관적인 모습을 꿈꾸며 아쉬운 마음을 접곤 했다.

하지만 두 분의 강의 중 '부부가 친밀해지는 방법'을 통해 그 소망이 미래가 아니라 지금 이루어질 수 있다는 것을 배웠다. 그래서 하나씩 실천했더니 우리 부부의 관계가 즐겁고 풍성해지며 더욱 깊어졌다.

먼저 영적 친밀감을 위해 화, 목요일에 손을 잡고 기도하기 시작했다. 하나님의 임재가 느껴지고 영적으로 더욱 하나가 되었다. 그리고 정서적 친밀감을 위해 2주에 한 번씩 영화를 함께 보았다.

아이를 낳고 포기했던 부분인데, 이 시간을 가슴 설레며 기다리게 되었다. 마지막으로 몸의 친밀감을 위해 추천해주신 《결혼행전》을 읽었다. 우리 부부에게 정말 좋은 지침서가 되었다.

《하나님 부부로 살아가기》 저자인 두 분의 삶에는 하나님의 말씀이 살아 숨 쉬고 있다. 모든 문제 앞에 기도로 나아갔던 그 믿음을 더욱 본받고 싶다. 부부로 산다는 것이 얼마나 행복하고 즐겁고 놀라운 일인지 깨닫게 해주셔서 감사드린다. **이소향**(결혼 8년차)

4부

사랑을
기억하자

행복한 부부를 위한 기도

prayer

막 출근 준비를 마친 남편을 불러 세우는 아내.

기도 지킴이 아내

> 여보, 잠깐만! 기도하고 가야죠.

기도 귀차니 남편

> 아니, 바쁜데 꼭 기도를 해야 하나?
> 빨리 좀 하라고!

기도 지킴이 아내

> 하나님, 오늘도 남편을 지켜주세요.
> 승리하게 하소서!

기도 귀차니 남편

> 아멘!

어느 아침, 아내가 아이들을 챙기느라 분주한 사이에
남편이 출근해버렸다.

 기도 깜빡이 아내

> 휴우, 아침마다 전쟁이네.
> 어, 뭔가 이상하네. 뭐지?

저녁에 퇴근한 남편의 표정이 좋지 않다.

툴툴이 남편

> 당신이 기도를 안 해줘서 종일 일이
> 잘 안됐다고! 아니, 오늘은 왜 기도
> 를 하지 않았어?

 그래도 기쁜 아내

> 아, 그랬구나! 미안해요.
> 내일부터는 잊지 않을게요.

예수님이 함께하시도록 문을 여는 기도

세 부부가 터키 여행을 했다. 우리 부부와 결혼하여 해외에 살고 있는 아들 부부 그리고 중동 지역에서 선교사로 사역하시는 사돈 부부였다. 여행 첫날, 며느리가 작은 노트를 나눠주며 매일 다섯 가지씩 감사 노트를 쓰자고 했다. 우리는 저녁마다 그날의 감사를 나누며 서로를 축복했다.

갑바도기아와 코냐, 에베소와 시린제를 여행하고 라오디게아교회의 유적지를 방문했다. 내가 '기도'를 강의하면서 자주 인용한 교회였기에 특별했다. 요한계시록 3장 말씀을 현장에서 묵상하니 더 실감이 났다.

볼지어다 내가 문밖에 서서 두드리노니 누구든지 내 음성을 듣고 문을 열면 내가 그에게로 들어가 그와 더불어 먹고 그는 나와 더불어 먹으리라 계 3:20

라오디게아교회는 어떤 교회였기에 예수님을 문밖에 세워두었을까? 요한계시록의 7대 교회 중 하나인 라오디게아교회는 교통과 금

융의 중심지에 있었다. 의류 산업이 발달했고 온천수를 이용하는
환자도 몰려들어 관광업도 성행했다.

터키를 여행하는 관광객이 즐겨 방문하는 온천 휴양지인 파묵깔
레가 가까이 있었다. 하얀 목화송이 같은 석회석이 자연스럽게 만
들어낸 산허리마다 맑은 온천수가 하늘빛으로 담긴 모습은 장관이
었다.

성경 본문이 기록된 시대에도 로마제국은 목욕 문화가 발달해서
온천탕이 여러 지역에 있었다. 파묵깔레는 로마제국에서도 유명한
온천이었다. 온천을 즐기는 사람들로 항상 북적거렸고 지역 주민들
은 많은 돈을 벌어 부요했다.

그들의 물질적 풍요는 예수님의 노크 소리를 외면하게 했다. 예
수님이 그들의 생활 속에 깊게 들어오는 것을 원하지 않았기에 열심
히 기도하지 않았다. 그래서 그들의 내면은 가난하고 병들었으며
신앙생활은 미지근한 물과 같았다.

기도는 하늘문을 여는 것이라고 말하는 사람이 있지만 사실 하
늘의 문은 이미 열려 있다. 하나님은 우리를 향해 완벽하게 열려 계
신다. 그분은 자신의 독생자를 주셨고 성령까지 주셨다. 하나님이
우리를 향해 닫고 계신 것은 아무것도 없다. 그분에게는 우리에게
주지 못할 아까운 것이 더 이상 없다.

그런데 우리는 왜 이리 공허하고 헐벗었는가? 왜 풍성한 그분의 은혜를 받지 못하는가? 그 원인은 우리에게 있다. 우리가 문을 닫고 있기 때문이다.

기도는 예수님이 주인으로 들어오시도록 문을 여는 것과 같다. 가정을 위해 기도한다는 것은 예수님이 가정의 주인으로 들어오시도록 문을 여는 일이다. 부부가 서로를 위해 기도하는 것은 그 중심에 그분이 계시도록 문을 여는 것이다.

부부가 기도하지 않으면 주님은 밖에 서 계실 수밖에 없다. 기도로 문을 여는 행위는 우리 몫이다. 부지런히 주님께 기도할 때, 부부에게 베푸시는 주님의 은혜를 풍성하게 경험하게 된다.

효과적인 부부 기도법

- 먼저 자신을 위해 기도하라.
- 서로 축복하며 기도하라.
- 성령을 부어주시도록 간구하라.
- 포기하지 않고 끝까지 기도하라.
- 배우자에게 기도제목을 물어보며 기도하라.

먼저 자신을 위해 기도하라

남편과 아내는 먼저 자신의 삶을 주님께 열어야 한다. 그분을 주인으로 인정하는 증거가 바로 기도생활이다. 어떤 부부도 서로를 완벽하게 채워줄 수 없다. 우리 부부도 마찬가지다. 우리는 결혼생활 내내 행복하게 살았지만, 서로 떨어져 있는 시간이 많았다. 남편이 사역으로 집을 떠나면 나는 많은 문제를 혼자 해결해야만 했다.

남편 없이 혼자 이사를 한 적이 있었다. 수납공간이 턱없이 부족해서 정리가 쉽지 않았다. 그래도 온갖 지혜를 모아 간신히 짐을 정리하고 쉬려는데 아이들이 열이 났다. 밤새 아이들을 간호하다 보니 나까지 몸살이 나고 말았다. 힘없이 쓰러져 누워서 주님을 바라보았다.

'주님, 도와주세요. 저와 아이들을 돌봐주세요!'

남편이 집에 없을 때 식품과 생활용품이 떨어진 적도 있었다. 그럴 때는 내일 일을 염려하지 말라는 말씀을 따르기가 정말 쉽지 않았다. 그렇다고 남편을 원망할 수도 없었다. 그때마다 나는 주인이신 예수님께 필요한 목록을 보여드렸다.

'주님, 쌀이 떨어졌어요. 비누를 살 돈이 없어요.'

홈스쿨로 아이들을 양육하면서 피곤하거나 지혜가 필요할 때도 주님께 문을 열었다.

'제가 피곤합니다. 힘을 주세요. 그리고 아이들에게 무엇을 어떻

게 가르쳐야 하는지 지혜를 주세요.'

나는 예수님을 향해 항상 문을 열어둔다. 범사에 그분을 의지한다. 그분이 내 주인이기 때문이다. 사실 내 결혼생활의 많은 이야기는 남편이 집에 없을 때 예수님이 오셔서 도와주신 이야기이다(《하나님 부부로 살아가기》 그리운 콩나물국, 140-147쪽).

예수님은 신실하시다. 내가 문을 열면 그분은 즉시 들어오신다. 내 생각과 마음을 다스리시고 나를 돌보시며 모든 필요를 채워주신다. 사역을 마치고 오랜만에 집에 돌아온 남편을 웃으면서 맞이할 힘을 주신다.

누구든지 예수님께 문을 여는 법을 배우면 불평하지 않게 된다. 오히려 '이번에는 하나님이 어떻게 일하실까' 하고 기대하게 된다. 어떤 환경과 상황에서도 '내 주인은 주님이십니다. 이 모든 일을 주님이 다스려주세요'라고 기도하면 주님이 일하신다. 일상에서 기도 응답을 받으면 삶의 모든 일이 즐겁고 감사하다.

내가 은혜로 채워지면 다른 사람의 문도 열어주고 싶어진다. 이것이 중보기도이다. 그 첫 대상은 배우자다. 내 자신이 예수님 한 분만으로 만족하면 신앙이 자립하게 된다. 그러면 배우자를 위해 기도할 힘이 생긴다.

서로 축복하며 기도하라

배우자에게 하나님의 축복이 들어오도록 기도하는 것이 사랑의 실천이다. 우리는 배우자의 모든 필요를 채울 수 없지만 완벽하게 채워주시는 주님이 계신다. 그분을 의지하고 기도하면 그분이 채우신다.

배우자에게 위기가 오면 더 축복하며 기도해야 한다. 우리 부부에게도 몇 차례 위기가 있었다. 건강을 잃어버렸고 재정적인 압박으로 스트레스가 심했다. 때로는 사역의 진로가 꽉 막혔을 때도 있었다. 그럴 때마다 사방으로 욱여쌈을 당한 것 같았다.

그런데 모든 문이 동시에 닫히지는 않았다. 예수님이 두드리시는 문이 있었다. 우리 부부가 그 노크 소리를 듣고 문을 열면 그분이 들어오셨다. 어떤 상황에도 서로를 축복하며 기도의 끈을 놓지 않았기에 오늘에 이르렀다.

나는 남편을 위해 기도할 때, 축복으로 기도의 문을 연다. 내가 축복하면 하나님이 남편에게 복을 주신다. '네가 축복하면 내가 복을 주겠다'라고 하신 말씀은 하나님의 약속이다(민 6:27).

여호와는 네게 복을 주시고 너를 지키시기를 원하며 여호와는 그의 얼굴을 네게 비추사 은혜 베푸시기를 원하며 여호와는 그 얼굴을 네게로 향하여 드사 평강 주시기를 원하노라 할지니라 하라 민 6:24-26

하나님은 우리에게 복을 주시고 지키시기를 원하신다. 그분의 얼굴빛을 우리에게 비추길 원하신다. 이것이 하나님 마음이며 우리를 향한 그분의 뜻이다. 하나님의 마음과 뜻을 새기며 이 말씀을 따라 배우자를 축복하자. 그럴 때 하나님의 복이 그에게 임한다.

남편과 아내는 서로를 위한 축복의 통로다. 하나님의 얼굴은 빛이며 생명이다. 아내도 남편도 하나님 얼굴빛이 꼭 필요하다. 배우자를 위한 축복기도는 햇살을 받고 싱그럽게 피는 꽃처럼 서로를 살려준다.

또한 빛은 어둠을 이기고 생명은 죽음을 이긴다. 하나님 얼굴의 빛이 비추이면 배우자 안에 이미 형성된 잘못된 것들이 고쳐지고 아픈 상처가 치유된다.

결혼하고 남편의 이야기를 들어보니 아버지의 부재가 남편의 삶에 따라다니는 어두운 그림자였다. 아버지 없는 삶은 마치 지붕 없는 집에서 사는 것 같다고 했다. 하나님의 얼굴빛을 남편에게 비춰주시길 축복하며 기도했다. 무엇보다 남편이 하나님이 아버지 되심을 깊이 알게 해달라고 간구했다.

첫아이가 태어난 후 첫 번째 주일 예배시간이었다. 아들을 안고 있던 남편의 얼굴이 갑자기 환하게 빛났다. 무슨 일인지 물어보았더니 예배 중에 하나님의 음성이 분명하게 들렸다고 했다.

"나는 네 아버지란다."

몇 달 후, 아이가 유아 세례 받는 날에 주기도문을 하다가 갑자기 남편이 어깨를 들썩이며 눈물을 흘렸다. "하늘에 계신 우리 아버지…"라고 하는데 며칠 전과 똑같은 음성이 그의 내면에서 울렸다고 했다.

"내가 네 아버지란다."

그날 이후, 남편의 삶에 지붕이 생겼다. 내 남편도 아버지가 있는 사람이 되었다.

성령을 부어주시도록 간구하라

내가 네 행위를 아노니 네가 차지도 아니하고 뜨겁지도 아니하도다 네가 차든지 뜨겁든지 하기를 원하노라 네가 이같이 미지근하여 뜨겁지도 아니하고 차지도 아니하니 내 입에서 너를 토하여 버리리라

계 3:15,16

나는 라오디게아교회의 유적지에서 미지근한 물을 묵상했다. '미지근한 물'은 단지 수온만을 말하지 않는다. 성경 본문의 전개 순서가 중요하다. '내가 네 행위를 안다'라고 먼저 말하고 물의 온도를

비유로 말했다.

이 본문에서 강조하는 물은 '살아가는 방식'을 뜻한다. 미지근한 물은 세상의 방식들과 섞여 있는 성도의 행위를 말한다. 성도가 세상의 풍속을 따라 살면 미지근한 물이 된다. 그리스도인은 하나님 나라의 방식으로 살아야 한다. 차든지 뜨겁든지 분명해야 한다. 하나님나라의 삶은 곧 성령을 따라 사는 삶이다.

> 하나님의 나라는 먹는 것과 마시는 것이 아니요 오직 성령 안에 있는 의와 평강과 희락이라 롬 14:17

하나님나라는 의와 평강과 희락이다. 의는 올바른 관계를 말한다. 평강은 마음의 안정감이다. 희락은 즐거워하고 기뻐하는 삶이다. 이는 성령 안에서 가능하다고 성경이 말씀하신다. 성령으로 살면 올바른 인간관계를 맺을 수 있다. 아무리 힘든 일이 있어도 마음이 평안하고 하는 일마다 즐겁고 기쁨이 넘친다.

그러므로 무엇보다도 배우자에게 성령을 부어주시도록 기도하자. 누구라도 혼자서는 이 세상의 영적 전쟁에서 승리하기가 힘들다. 기도의 지원이 반드시 필요하다. 부부가 서로의 성령 충만을 위해 기도할 때, 하나님이 성령을 부어주신다.

내가 내 영을 만민에게 부어주리니 욜 2:28

육신의 생각은 사망이요 영의 생각은 생명과 평안이니라 롬 8:6

포기하지 말고 끝까지 기도하라

쉬지 말고 기도하라(Pray continually) 살전 5:17

이는 응답될 때까지 기도를 포기하지 말라는 뜻이다. 배우자를 위한 기도를 시작했으면 그것이 이루어질 때까지 계속 기도해야 한다. 배우자의 영, 혼, 몸의 필요를 돌아보며 날마다 주님께 아뢰라.

예수님을 믿지 않는 배우자가 있다면 믿고 구원받을 때까지 기도를 쉬지 말라. 잘못된 습관을 끊기 원한다면 중간에 기도를 포기하지 말라.

어떤 종류의 중독에서 벗어나길 바란다면 벗어날 때까지 기도하라. 그에게 직접 고치고 바꾸라고 말하는 것보다 하나님께 기도하는 것이 더 효과적이다. 우리가 기도하면 주님이 일하시고 싸우시기 때문이다. 주님은 전능하시다.

배우자를 위해 쉬지 않고 기도하는 방법

- 기도 시간을 정한다.
- 배우자를 위해 기도하는 요일을 정한다.

배우자를 위해 기도 시간을 정하는 것은 기도를 지속하는 데 큰 도움이 된다. 성경에는 기도의 향단이 있다고 말한다(계 8:3-5). 성도의 기도가 향기가 되어 향단에 쌓인다. 이 땅에서 우리가 드리는 기도는 사라지지 않는다. 예수님이 계시는 보좌에 올라가서 향기로 담긴다. 모든 기도는 채워야 하는 양이 있다. 그 양이 채워져야 응답된다.

특별히 배우자를 위해서 눈물로 기도하시는 분들의 기도는 언젠가 기도의 향단이 채워지면 분명하게 응답받는다. 그때까지 쉬지 말고 기도해야 한다. 오래 기도했는데도 변화와 응답이 없다면 기도가 담기는 그릇인 향단이 크다는 뜻이다. 많은 양의 기도 향기가 채워질수록 응답이 될 때 많이 부어진다. 그래서 나중 된 사람이 먼저 되는 경우가 있다(막 10:31).

내 어머니는 아버지를 위해 20년 동안 매일 저녁 9시에 기도하고 또 새벽마다 기도하셨다. 아버지의 기도 향단이 컸던 것 같다. 기도를 시작한 지 20년 후에 아버지가 예수님께 돌아오셨고 믿기 시작하니 모든 면에서 모범이 되셨다.

기도의 향단을 빠르게 채우는 방법은 연합기도다. 자녀들과 기도하고, 성도들과 기도제목을 나누고, 믿는 가족과 친척이 한 마음으로 연합하여 기도하면 향기가 많이 쌓인다. 응답이 빠르다. 두세 사람이 연합하면 그만큼 빨리 채워진다.

기도를 계속하는 또 한 가지 방법은 요일 별로 기도하는 것이다. 나는 가족 한 명씩 요일 별로 나누어 기도한다. 월요일에는 남편을 위해 기도한다. 내 감정이나 기분과 관계없이 매주 월요일은 그를 위해 기도하는 날이다.

어느 날 월요일이 되었는데, 남편을 위해 기도할 마음이 일어나지 않았다. 전날에 말다툼을 한 후유증이었다. 그를 축복하고 싶지 않았다. 그래도 월요일은 월요일이기에 하나님께 기도했다.

'남편이 정말 마음에 안 듭니다. 하나님은 어떻게 생각하세요?'

그때 성경말씀이 생각났다.

'이는 내 사랑하는 아들이요. 내가 기뻐하는 자라.'

내 감정과 상관없이 남편은 그분의 아들이었다. 그분이 사랑하고 기뻐하는 아들이었다. 그날 이후, 남편을 바라보는 하나님의 눈을 갖게 되었다. 그리고 이 관점은 내가 남편을 믿고 따르는 일에 큰 도움이 되었다. 이처럼 기도 시간과 요일을 정하면 감정과 상황에 상관없이 기도를 계속할 수 있다.

배우자의 기도제목을 물어보며 기도하라

배우자를 위한 효과적인 기도 방법 중 하나가 기도제목을 물어보는 것이다. 오늘 바로 물어보라. 기도해주겠다고 말하면 대부분의 사람들은 좋아한다. 기도는 신앙 여부와 관계없이 모든 사람에게 필요하기 때문이다.

내가 생각하는 남편은 군사다. 어떤 상황에서도 굴하지 않고 추진하는 강한 남자다. 그런데 어느 날, 그의 기도제목을 물었는데, 예상 밖의 대답을 들었다. MRI 검사 받을 때 두려움이 사라지도록 기도해달라고 말했다. 두 번째 검사를 앞두고 있었는데, 지난번 검사 받을 때 몹시 긴장했다고 했다.

내가 묻지 않았다면 그가 먼저 말하지 않았을 기도제목이었다. 그래서 그 기도제목으로 기도했다. 모든 검사가 끝나고 나오는 남편의 표정이 평안했다. 이번에는 전혀 긴장하지 않았다고 했다. "남편은 아내의 기도로 산다"라고 남편이 웃으며 말했다.

기도응답도 중요했지만, 내가 남편을 더 알게 되는 계기가 되었다. 남편을 내 고정관념으로 바라보는 것이 아니라 있는 모습 그대로 알게 되었다.

부부관계의 여러 문제들이 저절로 해결되지 않는다. 우리가 기도할 때 주님이 일하신다. 남편이나 아내가 자기는 아무 문제가 없다면서 문을 닫고 있을 수 있다. 스스로 열지도 못하고 여는 방법도 모를 수 있다. 서로 문을 열어주자. 배우자에게 기도제목을 묻는 일부터 시작하자.

[적용 1]

기도하지 않는 이유는 세상의 부요함을 더 추구하기 때문이다. 요즘 '카·페·인 스트레스'를 받는 사람이 많다. 카카오스토리, 페이스북, 인스타그램 등의 SNS에 올라오는 다른 사람들의 사진을 보면서 스트레스를 받는다.

다른 사람은 아무 문제없이 잘 사는 것처럼 보인다. 기념일 선물을 챙겨주고 화려하게 여행하며, 멋진 곳에서 외식을 즐기는 다른 부부의 일상을 보면서 상대적 박탈감에 시달린다. 그 스트레스를 벗어나고자 남편에게 요구하다가 더 스트레스를 받는다.

옆집은 아무 문제가 없다고 생각하지만 문이 닫혀 있어서 안 보일 뿐이다. 모든 사람은 내면의 갈등이 있고, 많은 부부는 여전히 그들만의 힘든 현실이 있다. 모든 필요를 세상의 방식으로 채우려 하면 오히려 불만과 갈등이 더 커진다. 그렇다고 배우자가 알아서 해주기를 바라고만 있으면 상황이 더 꼬일 수도 있다. 그때가 주님을 향해 문을 열 때다.

TO DO 1 열심히 기도하지 못하게 하는 것은 무엇인지 말해보라.

[적용 2]

결혼 전에는 기도를 열심히 하다가 결혼하고 나서는 기도를 소홀히 하는 사람이 있다. 결혼 준비하는 기도와 함께 결혼생활을 잘하도록 기도해야 한다. 결혼을 준비하는 초심으로 돌아가서 배우자를 위한 기도를 계속하자.

TO DO 1 결혼을 위해 기도했던 그때의 간절함을 다시 나누어보자.

TO DO 2 결혼생활이 풍성하도록 부부가 함께 기도하기로 약속하자.

[적용 3]

하나님이 복을 주신다는 말은 그들의 삶에 들어가시겠다는 뜻이다. 이 말씀을 붙들고 서로의 배우자를 축복하자. 하나님이 빛을 비추어주시도록 간절히 기도하라. 빛이 들어가면 어둠은 도망간다. 남편과 아내의 삶에 깃든 어둠의 그림자도 축복기도를 통해 사라진다.

TO DO 1 괄호 안에 배우자의 이름을 넣고 얼굴을 바라보며 축복하라.

여호와는 (   )에게 복을 주시고 (   )를 지키시기를 원하며,
여호와는 그의 얼굴을 (   )에게 비추사 은혜 베푸시기를 원하며,
여호와는 그 얼굴을 (   )에게로 향하여 드사 평강 주시기를 원합니다. (   )를 예수님 이름으로 축복합니다.

[적용 4]

성령을 향한 갈증이 일어나도록 기도하자. 예수님은 라오디게아 교인들에게 "나와 함께 먹고 마시자"라고 말씀하셨다. 이 말씀은 요한복음에도 나온다. "누구든지 목마르거든 내게로 와서 마시라"라고 예수님이 큰 소리로 외치셨다. 그러면 생수의 강이 흘러나오는데, 이는 성령이라고 말씀하셨다(요 7:37-39).

성령이 우리 안에 들어오면 성령이 이끄는 삶이 된다. 우리의 생각대로 사는 것이 아니다. 자기 기준으로 자기 생각만 주장하는 부부는 늘 싸운다. 성령의 생각을 따르며 성령을 따라 말하는 부부는 화목하다. 성령을 따라 사는 능력이 부부들에게 필요하다.

주님은 의지하고 바라는 자들에게 능력을 주신다. 성령께 자신의 생각과 말을 복종하고 배우자의 생각과 말도 다스려주시도록 기도하자. 남편과 아내가 성령 충만한 삶을 살려면 서로 기도로 도와야 한다.

`TO DO 1` **다음 기도문으로 부부가 함께 기도하라.**

주님, 우리 부부를 다스려주소서.
우리에게 오늘도 성령을 부어주소서.
우리의 생각과 말을 성령님께 복종합니다.
세상의 가치와 욕심을 내려놓습니다.
우리는 성령을 따라 살겠습니다.
세상을 이기는 성령의 사람이 되고 싶습니다.
의와 희락과 평강을 누리며 살고 싶습니다.
주님, 성령의 힘과 능력을 우리에게 부어주옵소서.

[적용 5]

배우자를 위해 기도하는 시간을 결정하라. '1분 기도'도 효과적인 방법
이다. 짧은 시간이기에 더 명료하고 분명하게 기도할 수 있다. 출퇴근
시간도 정기적으로 기도할 수 있는 좋은 시간이다. 이 시간에 배우자를
위해 기도하라.
서로 기도제목을 물어보라. 기도제목을 물어보는 그 자체로 배우자는
감동한다. 뿐만 아니라 기도제목을 들으면 현재 배우자의 필요와 속마
음을 알 수 있어서 부부 대화의 좋은 소재가 된다.

TO DO 1 배우자를 위한 1분 기도 시간을 정하고 알람을 맞추라.

_____

_____

TO DO 2 요즘 배우자의 기도제목은 무엇인지 묻고 적어보라.

_____

_____

_____

_____

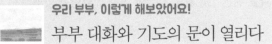

부부 대화와 기도의 문이 열리다

나는 "삶은 관계다"라는 모토로 살았다. 누군가 마음이 추워지면 나는 따스한 손을 주저 없이 내민다. 그들의 이야기를 들어주고 외로움을 채워주는 존재가 되는 순간, 큰 기쁨을 느낀다. 그런데 유독 남편에게는 잘 안 되는 이유가 무엇일까? 어느 순간 내 모습을 보니 그의 필요에 관심을 갖기는커녕 내게 다가오는 그의 따스한 손길마저 외면하고 있었다.

두 분의 부부 특강 방송을 남편과 함께 봤다. 방송이 끝나면 우리는 그날의 주제를 갖고 서로 배운 것을 나누었다. '부부 대화' 편을 듣고 나서 우리 대화를 돌아보았다.

남편은 전부터 내게 대화하고 싶다고 했는데 내가 소극적이었다. 그는 조용한 카페에 가자고 여러 번 제안했다. 좋은 곳에 가면 내 생각이 난다고. 그런 그에게 정말 고맙고 미안했다.

'부부의 친밀함'에 관한 강의를 듣고 월요일에 데이트를 하기로 약속했다. 그날 나는 예쁜 옷을 입고 남편과 만나기로 한 카페에 갔다. 멋진 남편이 함박웃음으로 맞아주었다. 우리는 성경을 꺼내 공부하고, 재미있는 이야기도 하고, 기도제목도 나누었다.

남편의 가장 큰 기도제목이 '사역의 기름 부으심'이라고 기다렸다는 듯이 대답했다. 나는 알람을 설정해놓고 기도하겠다고 말했다. 그러자 그도 나를 위해 기도하겠다고 알람을 맞추었다. 정말 감사한 변화였다. **김태희**(결혼 9년차)

좋은 일을 기억하라

good memories

어머니 추도예배를 드리는 날.

속 깊은 남편

> 이번 추도예배는 어머니에 대한
> 좋은 기억을 나누면 좋겠어.

한자리에 모인 가족들이 서로를 바라보며 조금 의아한 표정을 짓는다.

한자리에 모인 가족들

> ···

유머 충만 남편

> 물론 안 좋은 기억이 더 많을 수 있지만….
> 한번 생각해보자고.

모두 웃는다. 그리고 각자 하나씩 옛 기억을 소환해 나누기 시작한다.

집으로 돌아오는 차 안에서 부부가 대화를 한다.

칭찬 여왕 아내

여보! 오늘 정말 수고했어.
부모님에 대해 좋았던 기억을
나누니까 참 좋네.

뿌듯한 남편

아무래도 좋은 일을 이야기해서인지,
가족 분위기가 좋아지더라. 다음 추도
모임에는 엄마가 해준 추억의 음식을
이야기하면 어떨까?

격려 여신 아내

어쩜, 당신은 그렇게 탁월한 생각을 했어?
다음 추도예배가 무척 기대가 되네.

분명 잘한 일이 있다

나는 매일 아침, 아내가 내린 커피를 마신 다음 면도를 한다. 면도 시간은 내게 특별하다. 내가 유일하게 거울을 들여다보는 시간이다. 면도하면서 거울 속의 나와 대화한다. 오래된 습관이다.

전날의 일들을 돌아보면서 잘한 일과 좋았던 일을 이야기한다. 내가 나를 칭찬하고 격려한다. 처음에는 어색해서 입이 떨어지지 않았고 누가 들을까 봐 환풍기를 틀어놓고 작은 목소리로 말했다. 그러나 점점 익숙해져서 이제는 웃고 즐거워하면서 나 혼자 편하게 말한다. 이것은 내 삶을 바꿔놓은 중요한 습관이 되었다.

누구든지 지난 일을 생각하면 아쉽고 후회되는 일이 있다. 창피해서 얼굴이 붉어지고 되풀이할까 봐 겁이 난다. 그러나 분명 잘한 일이 있다. 무엇을 먼저 기억할 것인가? 생각과 기억은 본인의 선택이다. 이 선택이 자신의 감정과 생각에 미치는 영향이 크다.

부족한 점만 돌아보면 자신감이 떨어진다. 물론 실수를 돌아보며 다시 한 번 잘해보려는 태도는 나쁘지 않다. 그러나 자신을 충분히 칭찬하고 격려하면 스스로 자신감을 갖게 되고 더 겸손한 사람이 된다. 그리고 자신을 웃으면서 받아들이는 여유는 배우자와 자녀에게 흘러간다.

우리 부부는 결혼 30주년을 앞두고 있다. 그동안 실수하고 실패하며 잘못한 일도 있지만 잘한 일도 많다. 힘들고 어려웠던 일도 있지만 좋은 일이 훨씬 더 많다. 우리는 기회가 될 때마다 결혼생활을 추억한다. 좋은 일을 생각하면서 하나님께 감사하고 또 서로에게 고마워한다. 우리 스스로 자랑스러워한다.

자신이 한 일 중에서 무엇을 기억하는가? 기억을 선택하는 훈련이 되어 있지 않으면 늘 아쉽고 후회되는 일만 생각한다. 실수만 기억하면 소극적인 사람이 되고 상처받은 것만 기억하면 자존감이 떨어진다. 좋은 일을 먼저 생각하면 긍정적이고 자신감 있는 사람이 된다.

좋은 일이 더 많다

예수님은 배신당하셨다. 열두 명의 제자 중 한 명인 가룟 유다가 배신했다. 그의 배신이 진행 중일 때도 예수님은 그에게 돌이킬 기회를 주며 다른 제자들과 똑같이 사랑하셨다. 그러나 배신을 막지는 못했다.

배신은 가까운 사람이 등을 돌리는 일이다. 멀리 있는 사람의 모함과 비난은 얼마든지 극복할 수 있지만 가까운 사람이 배반하면 견디기 힘들다. 배신만큼 상처가 되는 일도 없다.

그런데 예수님은 배신을 당하셨지만 마음의 평안을 유지하셨다. 그분이 배신의 상처에 매달려 아무것도 못하셨다면 우리가 어떻게 구원받을 수 있었겠는가! 예수님은 그 평안을 제자에게 준다고 말씀하셨다(요 14:27).

예수님은 어떻게 평안을 빼앗기지 않을 수 있으셨을까? 그분은 유다를 보내시고 남은 열 한 명의 제자에게 집중하셨다. 그리고 자신의 길을 가셨다. 이것이 비결이다. 우리도 이것을 배울 수 있다.

$$12=1+11$$

누구라도 풀 수 있는 간단한 문제다. 열두 명에서 한 명이 떠나고 열한 명이 남았다. 떠난 사람보다 남아 있는 사람이 11배나 많다.

살다 보면 수많은 일을 겪는다. 그런데 잘 생각해보면 좋은 일이 안 좋은 일보다 훨씬 더 많다. 이것을 기억하면 예수님처럼 자기 길을 계속 갈 수 있다. 결혼생활도 마찬가지다. 좋았던 일이 더 많았다는 것을 기억하고 항상 감사해하면 끝까지 행복한 가정을 이룰 수 있다.

하나님이 하신 일을 기억하라

이스라엘 백성이 애굽에서 나와 광야를 지날 때, 하나님이 가나안정복전략을 주셨다. 바로 '하나님이 하신 일을 기억하라'는 것이다.

네가 혹시 심중에 이르기를 이 민족들이 나보다 많으니 내가 어찌 그
를 쫓아낼 수 있으리요 하리라마는 그들을 두려워하지 말고 네 하나
님 여호와께서 바로와 온 애굽에 행하신 것을 잘 기억하되 네 하나님
여호와께서 너를 인도하여 내실 때에 네가 본 큰 시험과 이적과 기사
와 강한 손과 편 팔을 기억하라 네 하나님 여호와께서 네가 두려워
하는 모든 민족에게 그와 같이 행하실 것이요 신 7:17-19

가나안이 두려워 보일 때는 하나님이 하신 일을 기억하라고 하셨
다. 특히 출애굽하는 과정에서 그분이 행하신 일을 기억하라는 말
씀이다. 미래를 준비하는 것보다 과거를 기억하는 것이 더 중요하
다. 과거의 무엇을 기억할 것인가? 주님이 함께하신 일을 기억하라.
승리한 일을 기억하라. 좋은 일을 기억하라.

크고 두려운 전쟁을 앞두고 과거에 하나님이 하신 일을 기억하는
것이 승리의 전략인 것처럼 결혼생활이 막막하고 힘들수록 기억할
것이 있다. 우리 부부는 우리의 결혼생활에 대해 아이들에게 자주
이야기한다.

처음 만남부터 결혼 과정 그리고 결혼 후에 아이들과 어떻게 살
았는지, 지금은 어떻게 살고 있는지 말해준다. 그러면 하나님이 우

리를 어떻게 인도하시고 도우셨는지를 다시 기억하게 된다.

하나님이 이스라엘에 주신 승리의 전략은 기억이었다. '애굽에서 우리를 구원하셨다'는 기억으로 가나안을 정복했다. 하나님이 하신 일을 기억하고 부부끼리 또는 자녀와 함께 나누면 소망이 넘치는 가족이 된다.

성경을 보면 요단강을 건너는 과정에서 다시 한 번 하나님이 기억의 중요성을 가르치신다. 여호수아에게 요단강 바닥에서 12개의 돌을 가져오라고 하셨다. 그것을 길갈에 세우고 자녀들에게 요단강을 어떻게 건넜는지 알려주라고 말씀하셨다(수 4:19-24).

돌을 보면서 하나님이 하신 일을 기억하라는 뜻이다. 그런데 이 과정에서 여호수아는 한 가지 중요한 일을 한다. 12개가 아니라 24개의 돌을 가져왔다. 12개는 요단을 건넌 후 길갈에 세웠다. 그리고 나머지 12개는 제사장들이 발로 밟고 있던 요단강 한복판에 세웠다(수 4:9).

요단강을 건넌 후에, 강물이 다시 흘러서 이전과 같이 언덕에 물이 넘쳤다. 길갈에 세운 돌은 늘 보이지만 강 한가운데 세운 12개의 돌은 보이지 않았다. 다만 세운 사람들의 기억 속에 있었다.

$$24=12+12$$

눈에 보이지 않아도 요단강 복판에 12개의 돌은 분명히 있었다.

다만 다른 사람에게는 안 보인다. 우리가 한 일 중에서 어떤 일은 다른 사람이 알지만, 우리만 알고 있는 일들도 있다. 열심히 노력해서 수고한 것을 기억해야 한다.

재미있는 일을 기억하라

많이 웃는 부부는 건강하다. 밝게 사는 그리스도인은 세상의 빛이다. 모든 부부는 살아온 세월만큼 재밌는 에피소드도 많이 갖고 있다. 힘든 일만 생각하지 말고 재미있었던 일을 떠올려보자.

우리 부부도 재미있는 일이 많았다. 내가 잠버릇이 독특해서 그와 관련한 이야깃거리가 많다. 잠을 자다가 아내가 내 발에 채여서 침대에서 떨어지기도 했고, 나는 아내에게 뺨을 맞기도 했다. 두고두고 추억하는 즐거운 일이다(《하나님 부부로 살아가기》 잠버릇이 달라서, 186쪽).

최근에도 비슷한 일이 있었다. 아내가 산책하다가 물에 빠졌다. 물이 깊은지 자꾸만 가라앉았다. 나는 도저히 아내를 꺼낼 수가 없었다. 쩔쩔매고 있는데 아내의 머리카락이 보였다. 그래서 아내의 머리채를 붙잡고 끌어올리는데 쉽지 않았다.

그래서 다급한 마음에 하나님의 도움이 필요하다고 생각했다. "성령이여!" 하고 외치며 힘껏 끌어올리는데 아내가 비명을 질렀다.

내가 잠을 자면서 꿈을 꾸었는데, 실제로 아내의 머리채를 잡은 것이다. 아내가 놀라서 벌떡 일어나더니 잠을 깨게 하려고 내 뺨을 때렸다. 한 대를 더 때리려고 하다가 내가 "성령이여!"라고 말한 것이 생각나서 그만 멈추었다고 했다.

부모님 세대를 도와드리자

우리의 부모님이 살아온 시대는 격변기였다. 전쟁과 빈곤은 그 시대의 상징이다. 한국의 현대사만큼 극적인 역사는 세계 어디에도 없다. 나라 전체가 대하드라마지만 개인의 삶도 소설 한 권을 쓸 정도다.

그 과정에서 말할 수 없는 고통을 겪고 비정상적인 일을 경험했다. 상한 마음을 치료할 길이 없었다. 배우자와 자녀에게 제대로 사랑을 표현하지 못하고 살아왔다. 치열하게 살아낸 것만으로도 대단한 일이다. 그러나 분명한 사실이 있다. 힘들고 어려운 가운데서 좋은 일도 많았다. 그것을 꼭 기억해야 한다. 그러면 노년을 보람 있고 행복하게 보낼 수 있다.

결혼생활이 불행하다고 생각하는 부모님에게 좋은 일을 기억하도록 자녀들이 도와드리자. 남편이나 아내를 생각하면 안 좋은 기억만 떠오른다고 말하는 부모가 있다. 섭섭하고 서운했던 일만 생각나서 자녀를 붙들고 하소연하는 어머니나 아버지도 있다. 그럴 때는 좋은 일을 기억하도록 도와드려야 한다.

사람은 자기가 기억하는 것을 말하고 자기가 한 말에 영향을 받는다. 좋은 일을 기억하면 좋은 말을 한다. 좋은 말을 하면 남은 인생을 좀 더 행복하게 살 수 있다.

부부싸움을 멈추라

부부는 적이 아니다. 한편이다. 적군이 아닌 아군이다. 싸움은 적과 하는 것이다. 아군과 싸우면 자멸한다. 부부를 싸우게 하고 망하게 하는 적이 있다. 부부의 진짜 적은 마귀다. 마귀는 사람의 생각을 공격한다. 생각은 마귀와 싸우는 전쟁터다. 이 생각의 전쟁터에서 처절하게 패배한 대표적인 사람이 가룟 유다이다.

마귀가 벌써 시몬의 아들 가룟 유다의 마음에 예수를 팔려는 생각을 넣었더라 요 13:2

예수께서 대답하시되 내가 떡 한 조각을 적셔다 주는 자가 그니라 하시고 곧 한 조각을 적셔서 가룟 시몬의 아들 유다에게 주시니 조각을 받은 후 곧 사탄이 그 속에 들어간지라 요 13:26,27

마귀는 유다의 생각에 슬쩍 들어와서 자리를 잡고 점점 점령해갔다. 예수님을 팔겠다는 생각이 들어왔을 때, 유다는 그 생각을 물리치지 않았다. 예수님이 떡을 주셨을 때, 생각을 바로잡고 배신의 싹을 없애야 했다. 그러나 그는 그 떡을 받았다. 배신하기로 결정했다는 뜻이다.

이후에 마귀가 그의 인격에 들어왔다. 일단 마귀가 들어오면 악한 영을 쫓아내는 특별한 도움을 받아야 한다. 그러나 생각의 영역에서 벌어지는 전쟁은 기본적인 원칙을 알면 쉽게 이길 수 있다. 좋았던 일을 기억하는 것이다.

유다가 예수님을 배신한 이유는 성경에 분명하게 나와 있지 않지만 그 과정은 비교적 자세히 기록되어 있다(마 26:6-16, 막 14:1-11, 요 12:1-8). 유월절에 그는 예수님을 배신했다. 그러나 이틀 전에 중요한 사건이 있었다.

예수님이 베다니 나병환자 시몬의 집에서 식사하실 때 마리아가 향유를 갖고 와서 그분의 머리에 부었다. 현장에 함께 있던 제자들이 값비싼 향유를 허비했다고 말했다. 특히 가룟 유다가 그 여인을 책망했다. 그러나 예수님은 마리아를 괴롭히지 말라고 말씀하시면서 제자들을 꾸짖었다. 그 직후에 가룟 유다는 그 집을 나와서 대제사장을 찾아가서 예수님을 팔겠다고 제안했다.

복음서 기록을 연결해서 읽어보면 예수님의 책망을 들은 뒤에 가룻 유다에게 마귀가 배신의 생각을 넣었다. 사실 자기 혼자 책망을 들은 것이 아니다. 다른 제자들도 함께 있었다. 그러나 그는 예수님을 배반하기로 생각했다. 나쁜 생각이 들었을 때 즉시 쫓아내지 않으면 그 생각에 사로잡히고 만다.

부부싸움은 칼로 물 베기인가? 그렇지 않다. 칼로 베는 것은 맞지만 물을 베는 것은 아니다. 물은 흔적 없이 제자리로 돌아가지만 부부는 싸우면서 상처를 받는다. 치유되더라도 흉터가 남는다. 애초에 싸우지 않는 것이 최선이다.

어떻게 하면 싸우지 않을 수 있을까?

- 생각의 전투에서 승리한다.
- 배우자에 대한 나쁜 생각을 즉시 대적한다.
- 좋은 기억을 찾아서 적는다.
- 특히 하나님이 도와주신 일을 기억한다.
- 배우자에게 감사한 일을 기억하고 그것을 말한다.
- 좋은 일을 말하면 긍정적인 사람이 되고 인간관계의 선순환이 일어난다.

상처받은 일을 생각하고 부정적으로 말하면 부부관계의 악순환이 되풀이된다. 감사한 일을 생각하고 좋은 일을 기억해서 말하면 긍정적인 선순환이 시작된다. 이 일을 누가 먼저 시작해야 하는가?

먼저 생각한 사람이 시작하라. 내가 먼저 시작하면 하나님이 도와주신다. 부부가 함께 풀어가야 하는 앞으로의 삶이 귀하다. 그동안의 삶이 힘들었다면 이후에는 행복하게 살아야 한다. 이것은 감정과 의지로만 되는 것이 아니다. 좋은 이야기를 하다 보면 좋은 기억이 떠오르고 좋은 감정도 새롭게 따라온다.

[적용 1]

실패하여 좌절감이 들 때 요한복음 13장의 본문을 계속 읽고 묵상하라. 예수님이 십자가에 죽으시기 하루 전에 있었던 일이다. 예수님은 떠난 사람은 떠나보내고 남은 사람을 돌아보셨다. 배신한 사람은 완전히 떠나보냈고 남아 있는 제자들에게 서로 사랑하라고 말씀하셨다. 부부로 살면서 안 좋은 일도 있다. 그러나 좋은 일이 훨씬 많다는 사실을 기억하자.

TO DO 1 결혼생활에서 좋았던 일 다섯 가지를 적어보라.

♥ _____

♥ _____

♥ _____

♥ _____

♥ _____

[적용 2]

교제하는 기간은 좋았는데 결혼을 본격적으로 준비하면서 힘들었다는 사람이 많다. 틀린 말은 아닐 것이다. 그러나 그중에서도 좋았던 일이 분명히 있다. 요단강 물속에 있는 열두 돌처럼 다른 사람은 모르지만 둘만 알고 있는 행복한 일이 있다. 그것을 기억하자.

TO DO 1 교제하는 기간이나 신혼 시절 행복했던 일을 기억하고 나누기 위해 배우자에게 받은 첫 선물은 무엇인지 떠올려보라. 지금도 보관하고 있는 선물이 있다면 꺼내보라.

TO DO 2 청혼했던 날을 떠올려보자.

TO DO 3 결혼을 준비하면서 행복했던 일을 나누어보라.

[적용 3]

우리 부부는 1994년에 집이 없어져서 전국을 돌아다녔다. "가족이 함께 있는 곳이 집이다"라고 말하면서 힘든 기간을 극복했다. 그것이 결혼생활의 활력이 되었다(《하나님 부부로 살아가기》 1994년 여름 속으로, 109-117쪽).

큰아들이 과일을 먹고 싶다고 했는데 돈이 없었다. 그래서 "네가 기도하라"고 했더니 아들이 기도하고 잠이 들었다. 그런데 다음 날 방문 앞에 과일 바구니가 있었다. 딸이 예쁜 원피스를 사고 싶다고 했을 때도 돈이 없었다. 옷 가게 앞에 가서 두 달 동안 기도했더니 할머니가 오셔서 사주셨다. 막내아들은 잃어버린 장난감을 기도로 찾는 전문가였다(《하나님 아이로 키워라》 171-175쪽).

이런 일은 아이들에게 자부심을 갖게 했고 그때의 일을 말할 때마다 우리 부부도 다시 한 번 힘을 얻는다.

'아, 맞아! 하나님이 도와주셨지. 하나님이 함께하지 않았다면 모든 일이 불가능했어. 하나님이 항상 우리와 함께하셨어.'

하나님이 이전에 도와주신 것을 기억하면 미래를 살아갈 용기가 솟는다. 그분이 지금도 함께하시기에 또 한 번 승리할 것을 믿게 된다.

TO DO 1 모든 부부에게는 잘한 일이 있다. 긍정적인 생각 훈련을 위해 남편과 아내로서 이번 주에 잘한 일을 적어보라.

_____

_____

TO DO 2 엄마와 아빠로서 이번 주에 잘한 일을 적어보라.

_____

_____

[적용 4]

대한민국의 부모님들은 그들만의 이야기가 넘쳐난다. 그들의 결혼 50주년을 기념하거나 칠순을 기념하는 회고록을 써보라. 부모님이 직접 쓰는 자서전 형태도 좋다. 요란한 잔치보다 훨씬 더 감동적인 기념일이 된다.

TO DO 1 아버지의 장점 세 가지를 찾아 적어보라.

♥ _____

♥ _____

♥ _____

TO DO 2 어머니의 장점 세 가지를 생각하고 적어보라.

♥ _____

♥ _____

♥ _____

TO DO 3 부모님께 위의 내용을 편지로 써서 선물과 함께 보내라.

TO DO 4 먼 훗날, 당신은 배우자에게 어떤 모습으로 기억되고 싶은지 적어보라.

_____

_____

_____

_____

_____

_____

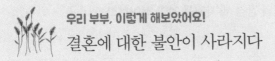

결혼에 대한 불안이 사라지다

대학 졸업 후, 선교단체 간사로 사역하기도 했고 직장 생활도 했다. 그러는 사이 세월이 훌쩍 지나갔다. '결혼은 언제 하느냐'는 주위 분들의 염려가 어느새 간섭처럼 들렸다. 나도 결혼하고 싶었다. '좋은 배우자를 만날 수 있을까? 결혼하면 잘 살 수 있을까?' 수없이 고민했다.

그러던 중에 《하나님 부부로 살아가기》를 읽었다. 가슴 설레고 행복한 이야기도 있었지만, 역경을 함께 극복하며 열심히 살아내신 이야기가 더 많았다. 책을 읽으면서 결혼과 가정에 대한 두려움이 사라지고 기대와 소망이 생겼다.

그리고 한 남자를 소개받았다. 우리는 서로를 알아가는 즐거운 데이트 시간을 보내고 미래를 약속하여 곧 결혼한다. 우리는 하나님 부부가 되길 소망하며 세 가지를 꼭 실천하려고 한다. 언제나 함께하며 좋은 추억을 많이 만들고 기도하며 말씀을 삶으로 살아내는 부부가 되기 위해 노력하기로 했다.

이를 실천하기 위해 두 분의 책을 책장이 아닌 신혼집의 거실 소파 옆에 두려고 한다. 신랑과 함께 자주 읽고 공부하면서 하나님 부부로 살아가는 또 한 쌍의 커플이 될 것이다. 결혼에 대해 많이 고민하고 불안해 했던 내게 이 같은 자신감을 심어준 두 분께 진심으로 감사드린다.

정은혜(예비신부)

끝까지 함께하기

until the end

사소한 일로 말다툼을 하다가 현관문을 열고 휙 나가버린 남편.

 부글부글 아내

> 아니, 또 나가버리네.
> 오늘은 내가 좀 심했나?

집 앞 공원 벤치에 남편이 혼자 앉아 있다.
뒤따라 나온 아내가 조용히 옆에 앉는다.

꿀 먹은 남편

...

 오만 생각 아내

> ...

침묵하고 있는 부부의 시야에 어떤 노부부가 손을 잡고
다정하게 산책하고 있는 모습이 포착된다.

용기 낸 아내

> 우리도 저렇게 끝까지 잘 살 수 있을까?
> 평생 사랑할 수 있을까?

급반성 남편

> 여보! 미안해. 내가 더 잘할게.

쓰담쓰담 아내

> 나도 미안해. 내가 결혼해서 힘들게 사는
> 친구들 이야기를 너무 많이 듣는 것 같
> 아. 우리도 부부학교에서 들은 것처럼 부
> 부 예배를 시작할까?

중심 잡은 남편

> 그렇게 하자. 확실히 가정은 하나님
> 중심이 돼야 하는 것 같아.

방송 강의 듣기
갓피플TV 패밀리타임(familytime.godpeople.com)
12강 끝까지 함께하기 _ 박현숙

끝까지 사랑할 수 있을까

"우리가 끝까지 함께 갈 수 있을까?"

"죽음이 우리를 갈라놓을 때까지 서로 사랑하며 살 수 있을까?"

이는 많은 부부들이 고민하는 내용이다. 특히 결혼한 지 몇 년 되지 않은 부부일수록 이런 질문을 한다. 그럴 수 없을 것 같다는 불안과 그랬으면 좋겠다는 소망이 함께 담긴 물음이다.

예수님의 사랑을 배우면 끝까지 사랑하며 살 수 있다. 그분은 끝까지 사랑하셨기 때문이다.

유월절 전에 예수께서 자기가 세상을 떠나 아버지께로 돌아가실 때가 이른 줄 아시고 세상에 있는 자기 사람들을 사랑하시되 끝까지 사랑하시니라 요 13:1

예수님은 세상에 있는 자기 사람을 사랑하시되 '끝까지' 사랑하셨다. 이는 시간과 분량을 말한다. 마지막까지 제자들을 사랑하셨고 동시에 모든 것을 주셨다. 이렇게 사랑하실 수 있었던 힘은 무엇인가?

- 하나님 앞에서 부르심을 따라 사셨다.
- 제자들을 용납하셨다.
- 죽음을 앞두고도 감사하셨다.

하나님 앞에서 자신의 삶을 살라. 예수님은 자발적인 선택으로 십자가를 지셨다.

이를 내게서 빼앗는 자가 있는 것이 아니라 내가 스스로 버리노라 나는 버릴 권세도 있고 다시 얻을 권세도 있으니 이 계명은 내 아버지에게서 받았노라 하시니라 요 10:18

누군가에 의해 생명을 빼앗긴 것이 아니라 스스로 선택해서 버리는 것이라고 하셨다. 목숨뿐만 아니라 그분의 모든 삶이 마찬가지다. 오직 하나님 앞에서 그분 자신의 삶을 사셨다. 남편과 아내도 각자 하나님 앞에서 자신의 삶을 살아야 한다. 그렇게 사는 법을 배우면 끝까지 사랑하는 부부로 살 수 있다.

어렵고 힘들 때도 자신이 선택한 삶이라고 생각하면 상대를 원망하지 않게 된다. 남편과 아내가 서로를 격려하고 힘을 합치는 동역자가 된다. 자신이 선택한 삶이라는 생각이 없으면 늘 상황에 따라 요동한다.

"당신 때문이야. 당신과 결혼해서 내가 이렇게 고생하는 거야!"

힘들고 어려운 일이 생길 때마다 배우자를 원망하게 된다. 우리는 각자 하나님 앞에서 자신의 삶을 살고 있다. 누군가의 아내 혹은 남편이 된 것은 자신의 선택이다. 배우자에게 끌려다니거나 배우자 때문에 마지못해 사는 것이 아니다.

우리는 모두 자신의 의지로 누군가의 배우자가 되었다. 결혼은 자신에게 주어진 그 한 사람을 끝까지 사랑하기로 선택한 것이다. 생의 마지막 날까지 자기에게 있는 모든 것을 쏟아 사랑하기로 결정했다.

이 삶을 온전히 받아들이고 끝까지 배우자를 사랑하며 살자. 그래서 이 소중한 배우자의 역할을 멋지게 해내자. 예수님은 오해와 위협 속에서도 제자들에 대한 사랑을 포기하지 않으셨다. 배신과 죽음 앞에서도 끝까지 사랑을 선택하셨다. 그럴 수 있었던 비결은 하나님 앞에서 그분 자신의 삶을 살았기 때문이다.

서로의 발을 씻겨주며 살라

저녁 잡수시던 자리에서 일어나 겉옷을 벗고 수건을 가져다가 허리에 두르시고 이에 대야에 물을 떠서 제자들의 발을 씻으시고 그 두르신 수건으로 닦기를 시작하여 요 13:4,5

스승이 제자의 발을 씻었다. 마치 종처럼 엎드려 섬겼다. 발에 묻은 먼지에 대해 지적하지 않았다. 더럽다며 비난하지 않았다. 그저 수건을 허리에 두르고 물을 떠서 먼지 묻은 더러운 발을 씻어주었다. 그리고 예수님은 유언처럼 말씀했다.

"내가 너희 발을 씻은 것처럼 너희도 서로 발을 씻어주어라."

발을 씻어준다는 뜻은 무엇일까? 아내도 남편도 하늘이 아닌 땅에서 살고 있다. 땅에는 먼지가 많다. 우리 모두의 발은 더럽다. 오늘 씻어도 내일 먼지가 다시 묻는다.

세상에서 사는 남편과 아내는 오늘도 시험에 들고 넘어진다. 또 일을 잘못하고 말실수를 연발한다. 그럴 때 따뜻한 미소로 받아주는 아내가 있다면 괜찮다고 말하며 꼭 안아주는 남편이 있다면 얼마나 안심이 될까!

"실수할 수도 있지. 괜찮아!"
"너무 걱정하지 마, 내가 기도해줄게."
"누구나 잘 못하는 일이 있어. 괜찮아, 내가 도와줄게."
"여보, 힘들면 언제든지 말해. 내가 있잖아!"

이렇게 부부가 서로를 용납하고 감싸주는 것이 발을 씻어준다는 뜻이다. 남편에게 용납받는 아내는 남편을 점점 더 좋아하게 된다. 아내의 용납을 받는 남편의 마음은 점점 더 아내에게로 향한다. 사랑을 많이 받은 사람이 더 사랑하듯이, 용납을 주고받은 일이 많은 부부일수록 그 사랑은 깊어진다.

예수님은 먼지 묻은 제자들의 발을 친히 씻겨주심으로 그들과 깊은 관계임을 확인시켜주셨다. 그 의미를 몰랐던 베드로가 자기 발은 안 된다고 하자 예수님이 분명히 말씀하신다.

"내가 너를 씻어주지 않으면 너는 나와 상관없는 사람이다."

'상관이 없다'는 말은 '아무 관계가 없다'는 뜻이다. 발을 씻어주지 않는 사이는 별로 중요한 사이가 아니라는 뜻이다. 또 발을 씻어주면 더 관계가 깊어진다는 말이다.

서로 용납하고 받아주면 관계가 더 깊어진다는 이야기를 생텍쥐페리의 《어린 왕자》에서 살펴보자. 이 책에서는 '길들인다'라고 표현한다. 어린 왕자가 자기 별을 떠나서 지구를 여행하다가 오천 송이나 되는 장미꽃을 본다. 많은 장미가 세상에 존재한다는 사실에 처음에는 크게 놀란다. 그러나 길들인다는 것이 무엇인지 여우에게 배운 어린 왕자는 이렇게 독백한다.

"이들은 나와 아무 상관이 없어. 왜냐하면 내가 이들을 돌봐준 적도 없고 이들의 잔소리를 받아준 적도 없거든."

어린 왕자는 그때 비로소 자기 별에 두고 온 한 송이 장미꽃을 떠올린다. 자신이 벌레를 잡아주고, 바람을 막아주고, 자기 자랑을 늘어놓는 것도 들어주고, 때로는 심술이 나서 아무 말도 안 하는 것도 받아주었던 꽃. 그 한 송이 장미와 자신이 얼마나 특별하고 소중한 관계를 맺었는지 깨닫는다. 어린 왕자는 서둘러 자신의 꽃에게 돌아간다.

부부관계도 발을 씻어주면 사랑이 더 깊어진다. 배우자의 약점과 실수를 고치려 하거나 외면하지 않고 받아주고 감싸주면 사랑이 쌓인다. 당신 배우자는 당신의 꽃이다. 지금까지 온갖 어려운 세월을 당신과 함께 헤쳐온 유일한 사람이다. 화려한 오천 송이 꽃은 당신과 아무 상관이 없다.

자신의 한 송이 꽃에게 돌아가자. 먼지 묻은 발을 스스럼없이 내밀고 또 기꺼이 그것을 닦아줄 수 있는 사이가 부부다. 남편과 아내가 서로 용납하면 끝까지 사랑하는 부부로 살 수 있다.

서로 감사하며 살라

예수님은 이 땅에서의 마지막 식사를 제자들과 함께했다. 떡을 떼고 잔을 들어 감사기도를 하셨다(눅 22:19). 그분의 몸이 떡처럼 찢어지고 피가 물처럼 쏟아질 것을 알면서도 감사했다.

감사로 생명을 나눠주며 제자들을 끝까지 사랑했다. 이런 예수님을 본받으면 우리가 감사하지 못할 상황은 아무것도 없다. 오늘 하나님과 서로에게 감사하는 부부로 산다면 끝까지 사랑하는 부부로 살 수 있다. 그러기 위해서 구체적으로 감사하자.

- 범사에 감사하라.
- 가진 것을 감사하라.
- 특별한 날에 감사하라.

첫째, 범사에 감사하는 삶을 살자.

감사와 불평은 현실을 받아들이는 방식의 차이다. 그 차이가 행복과 불행을 결정한다. 남편과 아내는 참 많이 다르다. 남녀의 차이도 있고 성장한 지역과 문화 때문에 사고방식과 세계관이 다르기도 하다. 어떤 부부는 종교의 차이도 있다. 그 다름을 보면서 감사할 것인지 불평할 것인지는 각자 선택한다. 그러나 그 선택으로 인해 행복과 불행이 나눠진다.

대부분의 가정은 자녀 관계, 원가족 갈등, 노후 준비 등 여러 종류의 문제를 안고 있다. 질병과 재정 문제가 있는 것도 비슷하다. 그것을 어떻게 대하는가에 따라 평안한 가정과 그렇지 않은 가정으로 나뉜다.

'범사에 감사한다'라는 것은 이 모든 것에 감사한다는 뜻이다. 범사에 감사하는 부부에게는 힘이 생긴다. 서로를 지지하고 응원하며 함께 헤치고 나갈 힘이 있다. 문제가 있을 때마다 감사로 승리를 맛본 부부가 진정한 동반자다. 이런 동지 의식은 끝까지 서로를 사랑하는 힘의 원천이다.

둘째, 가진 것을 감사하며 살자.

조금 부족하더라도 갖고 있는 것을 감사하자. 처음부터 작은 것에 감사하며 살다 보면 이어지는 모든 삶을 감사로 받게 된다. 반대로 처음부터 너무 편하게 많은 것을 소유하고 살면 남은 세월 동안 불평하며 살기 쉽다.

결혼생활에 대한 불평은 대부분 배우자에게 향한다. 그것은 부부의 사랑을 떨어뜨리고 불행한 부부가 되게 한다. 처음부터 적은 소유로 만족하는 법을 배우면 행복이 계속된다. 또한 배우자에게 없는 것을 바라지 않고 이미 있는 것에 감사해 한다.

배우자를 향한 과도한 바람과 요구는 사랑을 고갈시킨다. 배우자가 한 일과 노력한 일에 감사를 표하라. 오늘 배우자의 존재 자체만으로 감사하다고 고백하는 부부는 내일도 두 손을 꼭 잡고 함께 갈 수 있다.

셋째, 특별한 날에 감사하며 살자.

결혼기념일에 배우자에게 듣는 감사의 말은 그 어떤 선물보다 값지다. 3주년에는 3가지 감사를 나누고 10주년에는 10가지 감사를 나눈다. 25주년에 25가지 감사를 나누는 부부는 50주년에 50가지 감사를 나누게 될 것이다.

감사와 소망은 연결된다. 과거와 현재에 감사해 하면 미래에 대한 두려움과 불안이 걷힌다. 미래에 대한 소망을 갖게 된다. 결혼기념일에 나누는 감사는 그렇게 다가올 날에 대한 소망과 함께 부부의 사랑을 끝까지 지켜준다.

명절에도 감사를 나눈다. 온 가족과 친지가 둘러앉아 나누는 감사는 더 화목한 가족을 만든다. 매주 가족의 날에 감사를 나눈다. 부모 자녀 관계가 따뜻해지고 형제 사이가 돈독해진다. 감사는 사랑의 또 다른 표현이다. 감사한다는 것은 하나님 앞에서 자신의 삶을 사랑하며 살고 있다는 증거다.

가까운 사람을 사랑하라. 제자들의 발을 씻긴 후에 예수님이 새 계명을 주셨다.

새 계명을 너희에게 주노니 서로 사랑하라 내가 너희를 사랑한 것같이 너희도 서로 사랑하라 요 13:34

'하나님을 사랑하라'와 '이웃을 사랑하라'는 이미 있던 계명이다. '서로 사랑하라'고 하신 새 계명은 가까운 관계에 있는 사람을 사랑하라는 뜻이다. 예수님에게 가장 가까운 사람은 제자들이다. 동고동락한 사이다.

하나님의 뜻대로 사는 그들이 자신의 가족이라고 말씀하실 정도로 친밀한 사이다. 그래서 성경은 "예수님이 자기 사람을 사랑하시되 끝까지 사랑했다"라고 기록했다. 제자들을 '자기 사람'이라고 했다.

서로 사랑하라는 이 말씀은 자기 사람을 사랑하라는 뜻이다. 이웃을 사랑해야 하지만 이는 자기 가족을 사랑하는 데서 출발한다. 특별히 가장 가까운 관계는 남편과 아내다.

부부는 세상에서 가장 가까운 남자와 여자다. 남편의 자기 사람은 아내이고, 아내의 자기 사람은 남편이다. 아내가 최고로 사랑해야 할 대상은 남편이며, 남편이 가장 먼저 사랑해야 할 대상은 아내다. 부부가 이처럼 서로 사랑하면 세상은 끝까지 아름다운 사랑을 보게 될 것이다.

또 서로 사랑하라는 말씀은 양방향에서 사랑이 흘러야 한다는 뜻이다. 일방적인 희생을 배우자에게 요구하는 것은 사랑이 아니다. 사랑은 서로 주고받을 때 가장 아름답다. 끝까지 서로 사랑하는 부부로 살자.

[적용 1]

이사를 자주 다녀서 안정감이 없을 때에도 나는 남편에게 불만을 품지 않았다. 집 없이 떠돌아다니고 춥고 배고파서 서럽고 외로운 시절에도. 내 삶이기 때문이다. 남편을 따라 산다거나 그에 의해 끌려다닌다고 생각했다면 그를 원망하며 불만과 불평을 쏟았을 것이다.

내 삶은 내 선택이기에 그렇게 하지 않았다. 남편에 의해서가 아닌 하나님 앞에서 내 부르심을 따라 살았다.

내가 스스로 선택한 삶이기에 원망이 아닌 사랑으로 살 수 있었다. 남편을 사랑하며 지금까지 함께 올 수 있었다. 내 삶을 산다는 생각은 내게 맡겨진 사람과 일을 내가 끝까지 사랑할 수 있는 힘을 준다.

TO DO 1 당신은 배우자에 의해 살고 있는가, 아니면 하나님 앞에서 자신의 삶을 살고 있는가?

TO DO 2 다음 중 당신의 생각과 말에서 제거할 것은 무엇인가? 깨끗이 지우라.

- 당신 때문에 힘들어!
- 당신 때문에 못 살겠어!
- 당신을 만나지만 않았다면….
- 당신 때문에 이 고생을 하는 거야!
- 당신이 좀 더 능력이 있었다면….

`TO DO 3` 생의 마지막 날까지 모든 것을 다해서 끝까지 사랑할 사람의 이름을 쓰라!

_____

[적용 2]

아내와 남편은 세상에서 가장 가까운 사이다. 깨끗한 얼굴을 마주하며 살기도 하지만 발에 묻은 먼지도 매일 보며 산다. 배우자의 발에 먼지가 보일 때 비난할 것인지 씻겨줄 것인지 선택해야 한다.

`TO DO 1` 오늘 배우자의 발을 씻겨주자.

`TO DO 2` 배우자를 용납하기로 결심한 것을 적어보라.

_____

_____

`TO DO 3` 배우자와 함께 어떤 모습으로 늙고 싶은가?

_____

_____

_____

[적용 3]

"여호와께 감사하세 그의 인자하심이 영원하도다"(대하 20:21). 이 찬양의 배경은 역대하 20장에 나온다. 세 나라의 연합 공세로 진퇴양난의 궁지에 몰린 유대 왕은 하나님께 싸움의 전략을 여쭈었다. 하나님은 군대 앞에 찬양대를 세우라고 하셨다.

그들이 찬양을 시작하자 복병이 나와 적을 진멸했고, 유대는 완전하게 승리했다. 이는 그때 부른 찬양의 가사다. 감사는 적을 무너뜨리는 능력이 있다. 밀려오는 문제를 막을 힘도 감사다. 모든 일과 상황과 사건에 감사하는 근거는 하나님의 인자하심이 영원하기 때문이다.

그분은 절대적으로 선하시고 그 사랑은 영원하다. 그 하나님이 항상 함께하기에 우리는 오늘도 감사한다.

TO DO 1 감사를 말하는 가족의 날을 정하라.

TO DO 2 배우자에게 감사 편지를 쓰라(뒷장).

사랑하는 내 남편(아내) _____ 에게

....
....
....
....
....
....
....
....
....
....
....
....
....
....
....
....

당신의 아내(남편) _____ 가

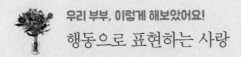

우리 부부, 이렇게 해보았어요!
행동으로 표현하는 사랑

두 분의 방송 강의를 들으면서 아내는 내 덕분에 자신의 자존감이 높아졌고 외모에 대한 자신감도 생겼다고 했다. 내게 정말 고맙고, 나를 통해 역사하신 하나님께 무한 감사하다며 내 볼에 뽀뽀를 했다. 그러면서 우리가 처음 만난 대학 시절 얘기를 했다.

"나는 자존감이 낮은 사람이었어. 외모에 자신이 없었지. 다른 사람이 어쩌다 내게 예쁘다고 말하면 그저 인사치레라고 생각했어."

나는 아내의 얼굴을 두 손으로 감싸고 내 얼굴을 가까이 대며 분명하게 말했다.

"당신은 정말 예쁜 사람이야."

"결혼하고 11년째 변함없이 그렇게 말해줘서 내 안에 구겨져 있던 주름이 펴진 거야."

평소에 나는 아내를 향한 사랑을 말로 잘 표현한다. 격려하는 말도 잘한다. 그러나 강의를 듣고서 그것이 아내를 향한 내 사랑의 전부가 아님을 알았다. 말뿐 아니라 행동으로도 사랑을 보여줘야겠다고 다짐했다.

그래서 내가 집에 일찍 들어온 날은 교사로 일하는 아내가 퇴근하고 집에 와서 저녁식사를 하도록 미리 준비했다. 아내가 아주 좋아했다. 그런 모습을 보니 내가 더 기쁘고 뿌듯했다.

사랑을 받는 사람이 기뻐할 때 사랑을 주는 사람이 더 행복한 것 같다. 말과 행동으로 사랑을 실천하는 부부는 끝까지 사랑하면서 잘 살 수 있다고 믿는다. **국호영**(결혼 11년차)

패밀리타임은
가족이 함께하는 가정 사역입니다!

끝까지 잘 사는 부부, 서로 사랑하며 축복하는 부모와 자녀, 즐겁고 행복한 가족 모임, 따뜻한 가정과 친밀한 가족! 패밀리타임으로 가능합니다.

패밀리타임은 '부부 이야기', '자녀 관계', '가족 모임'의 3단계로 진행합니다. 각 단계는 '단행본+인터넷 방송 강의+적용 교재'로 구성되어 있습니다. 가족이 살아온 이야기를 책으로 읽고, 성경적 원리와 구체적인 사례를 소개하는 방송을 듣고, 실전용 적용 교재를 가족이 함께 공부합니다.

패밀리타임 1단계-부부 이야기를 시작합니다!

사역 패키지

《하나님 부부로 살아가기》   《끝까지 잘 사는 부부》

부부학교(교회)와 부부교실(가정)의 진행 방법, 인터넷 방송 강의 듣기와 교재 활용법, '자녀 관계'와 '가족 모임'의 출간과 사역 소식은 홈페이지를 참고하세요. www.familytime.kr

끝까지 잘 사는 부부

초판 1쇄 발행　2017년 5월 8일
초판 11쇄 발행　2024년 4월 24일

지은이　　　　홍장빈, 박현숙

펴낸이　　　　여진구
책임편집　　　김아진
편집　　　　　이영주 박소영 최현수 안수경 김도연 정아혜
책임디자인　　마영애 노지현 조은혜 이하은
홍보·외서　　진효지
마케팅　　　　김상순 강성민　　　　　　　마케팅지원　최영배 정나영
제작　　　　　조영석 허병용　　　　　　　경영지원　　김혜경 김경희

303비전성경암송학교
이슬비전도학교 / 303비전성경암송학교 / 303비전꿈나무장학회

펴낸곳　　　　규장

주소　06770 서울시 서초구 매헌로 16길 20(양재2동) 규장선교센터
전화　02)578-0003　　팩스　02)578-7332
이메일　kyujang0691@gmail.com　　　　　홈페이지　www.kyujang.com
페이스북　facebook.com/kyujangbook　　　인스타그램　instagram.com/kyujang_com
카카오스토리　story.kakao.com/kyujangbook
등록일　1978.8.14. 제1-22

책값　뒤표지에 있습니다.
ISBN 978-89-6097-495-1 03230

규 | 장 | 수 | 칙

1. 기도로 기획하고 기도로 제작한다.
2. 오직 그리스도의 성품을 사모하는 독자가 원하고 필요로 하는 책만을 출판한다.
3. 한 활자 한 문장에 온 정성을 쏟는다.
4. 성실과 정확을 생명으로 삼고 일한다.
5. 긍정적이며 적극적인 신앙과 신행일치에의 안내자의 사명을 다한다.
6. 충고와 조언을 항상 감사로 경청한다.
7. 지상목표는 문서선교에 있다.

하나님을 사랑하는 자 곧 그의 뜻대로 부르심을 입은 자들에게는 모든 것이 合力하여 善을 이루느니라(롬 8:28)

규장은 문서를 통해 복음전파와 신앙교육에 주력하는 국제적 출판사들의 협의체인 복음주의출판협회(E.C.P.A:Evangelical Christian Publishers Association)의 출판정신에 동참하는 회원(Associate Member)입니다.